Die ISO 9001:2008 – Interpretation der Anforderungen

Zur Nutzung dieser Broschüre

Diese Broschüre richtet sich an Auditoren, Managementbeauftragte, Unternehmen und Berater sowie alle, die am Aufbau und an der Pflege eines Qualitätsmanagementsystems beteiligt sind.

Sie interpretiert und erläutert die Anforderungen der ISO 9001:2008 im Zusammenhang mit der ISO 9004:2009, der Anleitung zum Leiten und Lenken für den nachhaltigen Erfolg einer Organisation. Ziel der Broschüre ist es, das Verständnis für die Normforderungen zu erhöhen und anhand zahlreicher Praxisbeispiele sinnvolle Anregungen für deren unmittelbare Umsetzung zu geben.

Im Teil A dieser Broschüre erhält der Leser eine Einführung in Zielsetzung, Struktur und die wichtigsten Merkmale der DIN EN ISO 9001:2008 – im Folgenden kurz ISO 9001:2008 genannt.

Im Teil B, dem Schwerpunkt dieser Broschüre, werden dann die Anforderungen der Norm in Tabellenform stichwortartig aufgelistet und praxisorientiert interpretiert. Mit Beispielen für die Dokumentation zum Nachweis der Erfüllung von Anforderungen soll dem Leser veranschaulicht werden, womit die Anforderungen belegbar sind.

Die Empfehlungen der DIN EN ISO 9004:2009 – im Folgenden kurz ISO 9004:2009 genannt – zur nachhaltigen Verbesserung der Gesamtleistung einer Organisation wurden zu wesentlichen Aspekten zusammengefasst, wobei Redundanzen zu den Normforderungen der ISO 9001:2008 vermieden wurden. Dadurch hat der Leser einen kompakten Überblick über die Kompatibilität von ISO 9001:2008 und ISO 9004:2009.

Die Kennzahlenbeispiele in der letzten Spalte spiegeln die Möglichkeiten wider, um die ständige Verbesserung zu steuern und die Ergebnisse in allen Bereichen nachweisbar für interessierte Parteien und die Mitarbeiter zu machen.

Die ISO 9001:2008 – Interpretation der Anforderungen

Inhaltsverzeichnis

A ISO 9001:2008 – eine Einführung

    1   Allgemeines

        1.1 Entstehung der Norm

        1.2 Anwendung der Norm

        1.3 Ausschlüsse von Anforderungen

        1.4 Bedeutung der Norm für das Unternehmen

        1.5 Die Sprache der Norm

    2   Übergangsfristen

    3   Kompatibilität mit anderen Normen

    4   Prozessorientierung und Wechselwirkung der Prozesse

    5   Grundsätze des Qualitätsmanagements

    6   Hilfen zu nachhaltigem Erfolg (ISO 9004)

    7   Kontinuierliche Verbesserung via Kennzahlen

    8   Kundenzufriedenheit

    9   Anpassen bestehender Qualitätsmanagementsysteme

    10 Notwendige Dokumentation des Managementsystems

B Interpretation der Anforderungen der ISO 9001:2008 – Tabelle

    Erläuterungen zu den Tabellenspalten

    Normkapitel 4: Qualitätsmanagementsystem

    Normkapitel 5: Verantwortung der Leitung

    Normkapitel 6: Management der Ressourcen

    Normkapitel 7: Produktrealisierung

    Normkapitel 8: Messung, Analyse, Verbesserung

Anhang   Entsprechungen zwischen ISO 9001:2008, ISO 9004:2009, ISO 14001:2004 und OHSAS 18001:2007

Die ISO 9001:2008 – Interpretation der Anforderungen

A ISO 9001:2008 – eine Einführung

1 Allgemeines

1.1 Entstehung der Norm

Die internationale Organisation für Normung (ISO) hat die Norm ISO 9001:2008 im Technischen Komitee ISO/TC 176 erarbeitet. Mit ihrer Inkraftsetzung im Dezember 2008 wurde die bisherige Norm ISO 9001:2000 ersetzt.

Die ISO 9001:2008 beinhaltet keine neuen Anforderungen. Durch Erläuterungen und Textänderungen wird die Absicht der bisherigen Norm ISO 9001:2000 lediglich klarer herausgestellt. So werden einerseits einige Anforderungen durch zusätzliche Anmerkungen eindeutiger und damit schärfer formuliert, andererseits werden einige Anforderungen durch Formulierungen wie „soweit zutreffend" oder „wo praktikabel" eingeschränkt. Der überwiegende Teil der Änderungen ist redaktioneller bzw. sprachlicher Art.

1.2 Anwendung der Norm

Alle in der ISO 9001:2008 festgelegten Anforderungen sind allgemeiner Natur und auf alle Organisationen anwendbar, unabhängig von deren Art und Größe und von der Art der bereitgestellten Produkte. Nicht zu übersehen ist allerdings, dass sich die Formulierungen in der Norm teilweise recht deutlich an der Begriffswelt von Produktionsbetrieben orientieren. So z. B. die Kapitel 7 „Produktrealisierung", 7.6 „Lenkung von Überwachungs- und Messmitteln" oder 8.3 „Lenkung fehlerhafter Produkte". Dies führte u. a. dazu, dass sich eine Reihe von branchenspezifischen Standards entwickelten, die die ISO 9001 als Basis verwenden und durch Zusatzanforderungen und spezielle fachspezifische Erläuterungen an die jeweilige Branche anpassen. Hier einige Beispiele:

- Automobilzulieferindustrie: ISO/TS 16949
- Luftfahrtindustrie: DIN EN 9100
- Lebensmittelindustrie: ISO 22000
- Pflanzenanbau: ISO 22006
- Medizingerätehersteller: ISO 13485
- Verpackung für Medizinprodukte: DIN EN ISO 15378
- Verpackung zur Beförderung gefährlicher Güter: DIN EN ISO 16106
- Software: ISO/IEC 90003
- Gesundheitswesen: IWA 1
- Bildungseinrichtungen: IWA 2
- Öffentliche Verwaltung: IWA 4
- Brandschutz: VdS 2835
- Transportwesen : DIN EN 12507 und 12798

1.3 Ausschlüsse von Anforderungen

Wenn sich aufgrund des Charakters einer Organisation und ihrer Produkte eine oder mehrere Anforderungen nicht anwenden lassen, kann für diese ein Ausschluss in Betracht gezogen werden. Die Organisation darf allerdings nur solche Anforderungen an das Qualitätsmanagementsystem ausschließen, die weder die Fähigkeit noch die Verantwortung der Organisation beeinträchtigen, Produkte bereitzustellen, die den Kundenanforderungen und zutreffenden gesetzlichen und behördlichen Anforderungen entsprechen. Derartige Ausschlüsse sind auf solche Forderungen beschränkt, die unter Abschnitt 7 fallen. Ausschlüsse müssen im Qualitätsmanagement-Handbuch begründet sein (siehe auch Normkapitel 4.2.2). Dabei können berücksichtigt werden:

- die Art des Produkts;
- Kundenanforderungen;
- gesetzliche und behördliche Anforderungen;
- Umfang der Verantwortung.

Alle Anforderungen der Normkapitel 4, 5, 6 und 8 müssen demnach voll erfüllt sein, andernfalls darf keine Konformität bestätigt werden. Dies heißt z. B., dass die Entwicklung nicht ausgeschlossen werden kann, wenn das Unternehmen für das Produkt die volle Verantwortung trägt.

1.4 Bedeutung der Norm für das Unternehmen

Die Erstellung, Einführung und Umsetzung eines Qualitätsmanagementsystems werden als eine strategische Entscheidung eines Unternehmens verstanden. Dabei ist es eine Voraussetzung, die Wettbewerbsfähigkeit der Unternehmen zu sichern, was mit der Einführung und Anwendung eines Managementsystems nach dieser Norm besser realisiert werden kann.

Die Gestaltung und Verwirklichung des Qualitätsmanagementsystems einer Organisation wird beeinflusst durch ihr Umfeld, dessen Änderungen und die mit diesem Umfeld verbundenen Risiken, von den Erfordernissen der Organisation, den Erfordernissen des Marktes, den strategischen Zielen, den bereitgestellten Produkten und den angewendeten Prozessen sowie von Größe und Struktur der Organisation. Die vorliegende Norm verlangt ausdrücklich keine Vereinheitlichung der Strukturen und der Dokumentation in den Organisationen.

1.5 Die Sprache der Norm

Die ISO 9000-Normenfamilie ist als internationale Norm in Englisch als Basissprache entwickelt worden. Bei der Übersetzung ins Deutsche wurden teilweise Begriffe gewählt, die sich entweder stark am englischen Originalbegriff orientierten oder gänzlich neu geprägt wurden. Auf diese Weise entstanden Begriffe, die im sonst üblichen Sprachgebrauch nicht vorkommen oder selten gebraucht werden und daher bei Neueinsteigern anfänglich häufig eine gewisse Irritation auslösen. Im Folgenden einige der ISO-9000-typischen Begriffe und ihre Synonyme:

- **Organisation** – Synonyme: Unternehmen, Betrieb, Firma. Mit Organisation verbindet man im Deutschen im Allgemeinen eine Gruppierung von Personen, die keine Produkte herstellen.
- **Oberste Leitung** (engl. top management) – Synonyme: Unternehmensleitung, Geschäftsführung
- **Anforderungen** (engl. requirements) – Synonym: Forderungen. Der Begriff Forderung, z. B. in Normforderung oder Kundenforderung, wird in der Norm grundsätzlich durch Anforderung ersetzt.
- **Leiten und Lenken** (engl. management bzw. to manage): Hierfür sind im betrieblichen Sprachgebrauch i.d.R. andere Begriffe üblich, z. B. führen, organisieren, oder substantivische Begriffe wie z. B. Prozessführung oder schließlich auch „Management".
- **Lenkung** (engl. control) – Prüfung, Kontrolle, Führung.

Der in dieser Norm verwendete Begriff „Produkt" schließt ausdrücklich Hardware, Software, verfahrenstechnische Materialien und auch Dienstleistungen ein – siehe hierzu auch ISO 9000:2005 „Qualitätsmanagement – Grundlagen und Begriffe".

In dieser Broschüre werden die o. g. Begriffe überwiegend wie in der Norm verwendet.

2 Übergangsfristen

Es gelten folgende Übergangsfristen:

- Ein Jahr nach der Veröffentlichung, d. h. seit dem 15.11.2009, müssen alle akkreditierten Zertifikate nach ISO 9001:2008 ausgestellt werden. Dieses gilt sowohl für Neu- als auch für Wiederholungszertifizierungen.
- Zwei Jahre nach der Veröffentlichung, d. h. am 15.11.2010, wird jede bestehende Zertifizierung ungültig.

Die ISO 9001:2008 – Interpretation der Anforderungen

3 Kompatibilität mit anderen Normen

Nach der Revision der ISO 9004 im Jahre 2009 sind die beiden Normen in ihrer Struktur durchaus ähnlich, jedoch kein „konsistentes Normenpaar" wie zuvor. Die Normen ergänzen einander, können aber auch unabhängig voneinander angewendet werden. Während ISO 9001 im Wesentlichen die Kunden im Auge hat, behandelt ISO 9004:2009 die Erfordernisse und Erwartungen aller relevanten interessierten Parteien (Kunden, Lieferanten, Mitarbeiter, Eigentümer/Gesellschafter, Öffentlichkeit etc.) und bietet eine Anleitung für die systematische und nachhaltige Verbesserung der Gesamtleistung der Organisation.

Die ISO 9001:2008 ist an der Norm ISO 14001:2004 „Umweltmanagementsysteme – Spezifikation mit Anleitung zur Anwendung" ausgerichtet, um die Kompatibilität beider Normen zum Vorteil der Nutzergemeinschaft zu erhöhen.

Einen Überblick darüber, wie die Anforderung der ISO 9001:2008 mit den Anforderungen anderer Managementsystemnormen, wie z. B. ISO 14001 und OHSAS 18001 (Arbeitsschutzmanagement) korrespondieren, gibt die Tabelle im Anhang zu dieser Broschüre.

4 Prozessorientierung und Wechselwirkung der Prozesse

Jede Tätigkeit, bei der Eingaben (Input) in gewünschte Ergebnisse (Output) umgewandelt werden, kann als Prozess angesehen werden. Damit Organisationen effektiv funktionieren können, müssen sie die Wechselwirkungen der miteinander verknüpften Prozesse erkennen, definieren und beherrschen. Oft bildet das Ergebnis des einen Prozesses die direkte Eingabe des nächsten. Die systematische Erkennung, Analyse und Beherrschung dieser verschiedenen Prozesse innerhalb einer Organisation und insbesondere ihre gegenseitige Wechselwirkung werden als „prozessorientierter Ansatz" bezeichnet und müssen vom Unternehmen umgesetzt sein. Die ISO 9001:2008 unterstützt diesen prozessorientierten Ansatz für das Qualitätsmanagement. Abbildung 1 zeigt das Prozessmodell der ISO 9001:2008.

Die oberste Leitung der Organisation definiert Forderungen und übernimmt die Verantwortung für die Umsetzung und Anwendung der Normanforderung (Kapitel 5 der Norm); notwendige Mittel werden unter dem Management der Ressourcen (Kapitel 6 der Norm) definiert und eingesetzt; Prozesse mit ihren Wechselwirkungen werden entsprechend der Produktrealisierung (Kapitel 7 der Norm) erarbeitet und umgesetzt; die Ergebnisse werden unter Messung, Analyse und Verbesserung (Kapitel 8 der Norm) festgestellt, analysiert und einer Verbesserung zugeführt. Im Rahmen der systematischen Bewertung des QM-Systems (Kapitel 5.6 der Norm) fließen die Informationen zurück an die oberste Leitung, die dafür verantwortlich ist, Änderungen am QM-System zu genehmigen oder Verbesserungen zu initiieren.

Bei der Produktrealisierung ist es von entscheidender Bedeutung, dass die Kunden und weitere interessierte Parteien ihre Anforderungen an das Produkt eindeutig definieren und festlegen. Das Prozessmanagement lenkt alle zur Produktrealisierung benötigten Prozesse und verifiziert bzw. validiert die Prozessergebnisse. Messungen bezüglich der Zufriedenheit der Kunden sowie der anderen interessierten Parteien dienen als Basis für die Bewertung der Produktqualität.

Die kontinuierliche Messung der Kundenzufriedenheit stärkt das Vertrauen der Kunden in die Qualitätsfähigkeit der Organisation. Sie ist eine wichtige Voraussetzung für den Nachweis der kontinuierlichen Verbesserung. Die Bemühungen um diese Anforderungen müssen verifiziert werden.

Bei der Betrachtung von Wechselwirkungen der Prozesse sind die Bereitstellung von Ressourcen wie

- Material, Maschinen, Energie, Umwelt

und notwendige Informationen wie

- Methoden, Anforderungen, Daten, Fakten, Analysen, zeitliche Abläufe

zu berücksichtigen. Dabei ist die Darstellung der Prozesse und ihrer Wechselwirkung anhand einer Prozesslandschaft hilfreich. Beispiele hierfür zeigen die Abbildungen 2 bis 4.

Die ISO 9001:2008 – Interpretation der Anforderungen

Die Stärken des prozessorientierten Aufbaus des QM-Systems liegen in der übersichtlicheren Festlegung und Darstellung von Unternehmensabläufen (klarere Erkennung von Schnittstellen), die sich an den Wertschöpfungsketten ausrichten. Damit verbunden ist ein größerer Wiedererkennungseffekt für jeden einzelnen Mitarbeiter, der wegen der nunmehr klareren Abläufe seinen vereinbarten Verpflichtungen mit einer größeren Akzeptanz nachkommt. Schließlich wird durch den möglichen Motivationsschub der Mitarbeiter ein Prozess der kontinuierlichen Verbesserung zur Steigerung der Zufriedenheit der Kunden unterstützt.

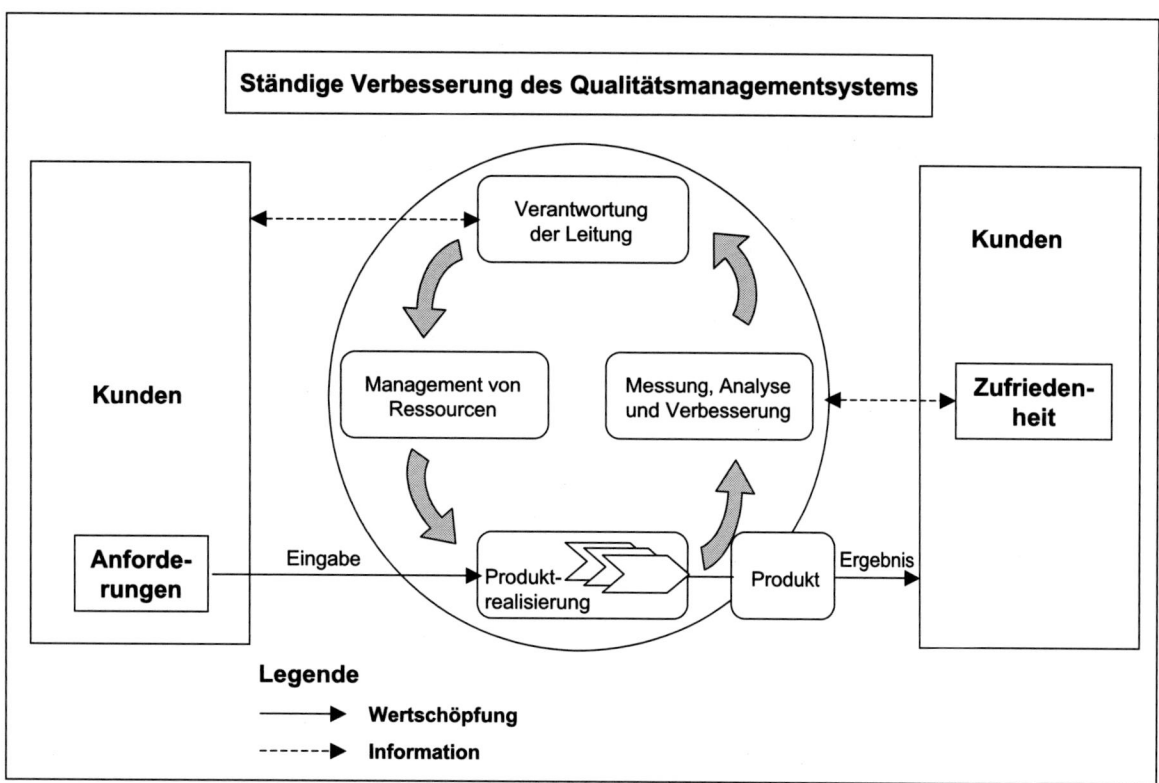

Abb. 1: Prozessmodell der ISO 9001:2008

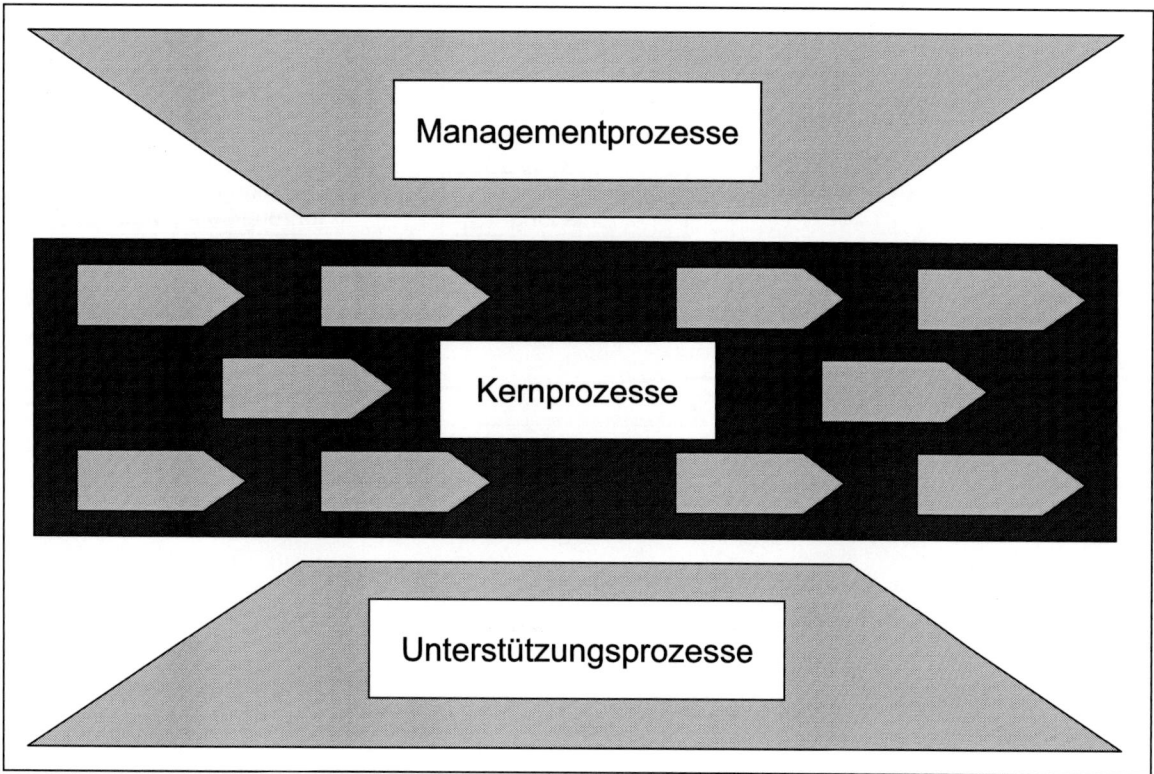

Abb. 2: Beispiel einer Prozesslandschaft

Die ISO 9001:2008 – Interpretation der Anforderungen

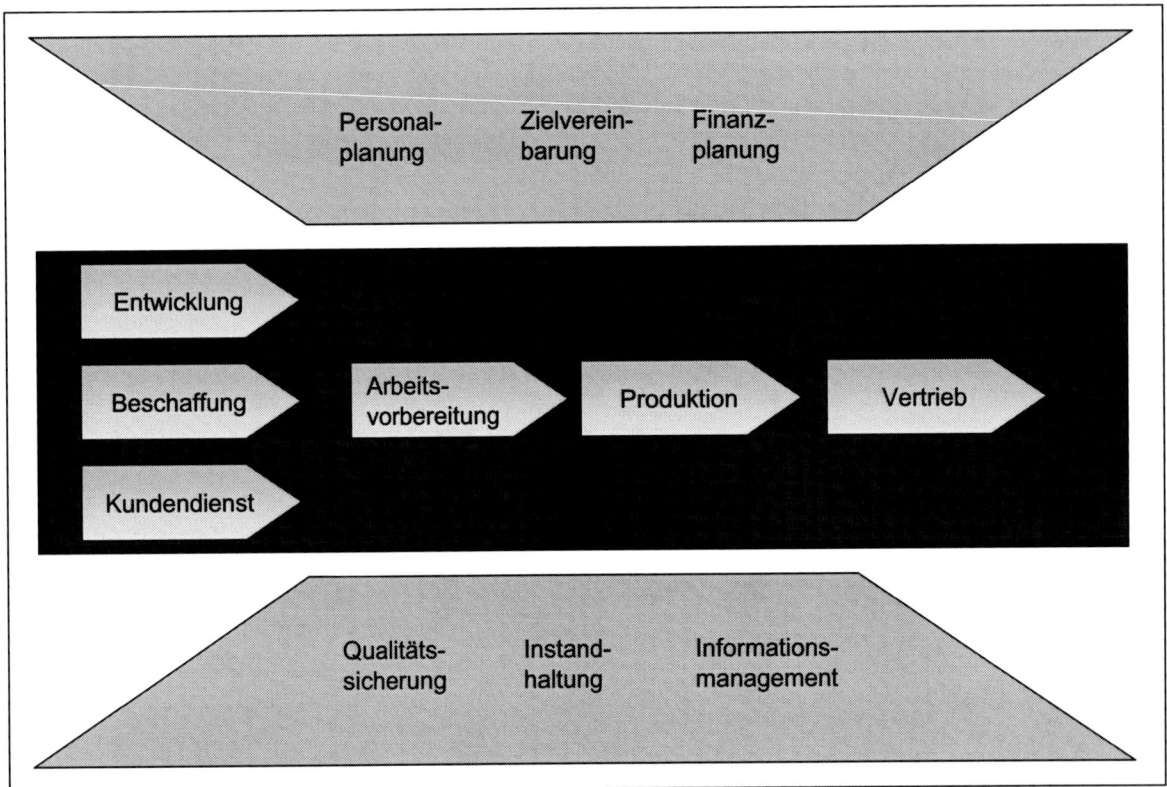

Abb. 3: Beispiel für Wechselwirkungen zwischen den Prozessen

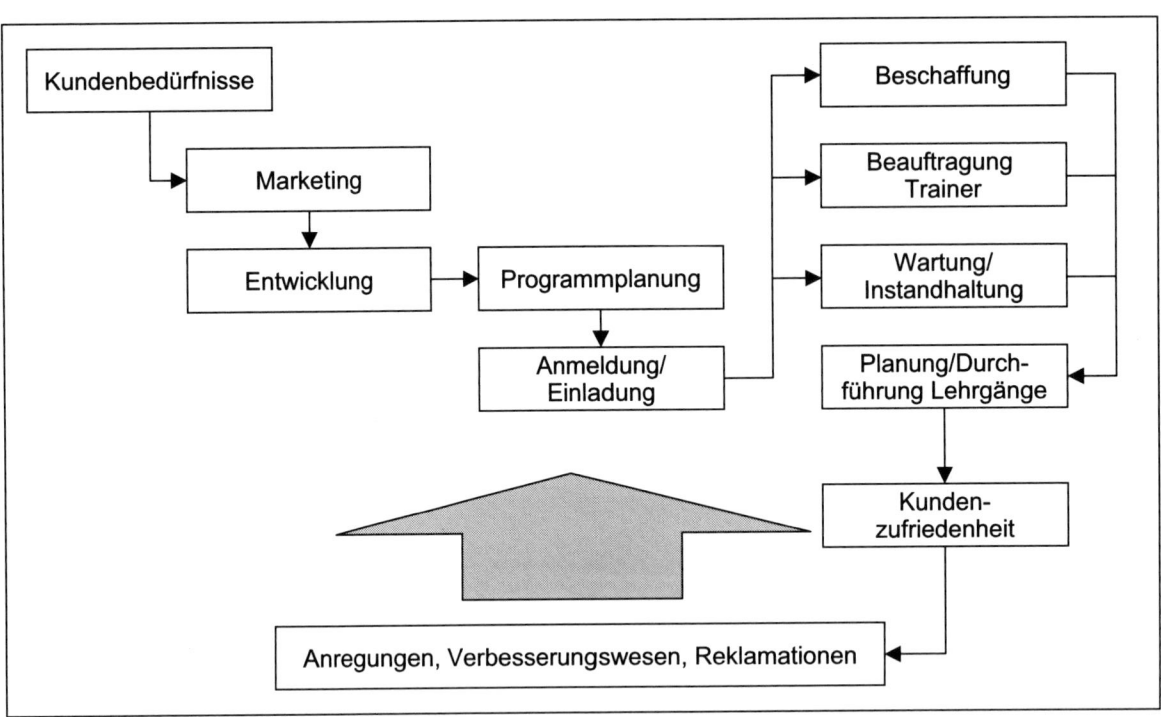

Abb. 4: Auszug einer Prozesslandschaft für Arbeitsprozesse

5 Grundsätze des Qualitätsmanagements

Jede Organisation verfolgt einen adäquaten Zweck. Übereinstimmend spielen dabei die Erfordernisse und Erwartungen der Kunden und der anderen interessierten Parteien (Mitarbeiter, Lieferanten, Eigentümer, Gesellschafter) eine tragende Rolle. Weiter sind das Erzielen von Wettbewerbsvorteilen – und zwar auf möglichst wirksame und effiziente Weise – sowie das Erreichen, Erhalten und Verbessern der gesamten organisatorischen Leistungen und Fähigkeiten von herausragender Bedeutung.

In ISO 9000:2005 und 9004:2009, Anhang B, sind 8 Grundsätze des Qualitätsmanagements zum Erreichen der genannten Ziele fixiert. Die Anwendung dieser Gundsätze bietet nicht nur direkte Vorteile zur Erhöhung der Qualitätsfähigkeit, sondern leistet auch einen wichtigen Beitrag zum Kosten- und Risikomanagement; Nutzen-, Kosten- und Risikoabwägungen sind ausschlaggebend für den Erfolg der Organisation.

Im Folgenden sind diese Grundsätze zusammengefasst:

1) Kundenorientierung

   Organisationen hängen von ihren Kunden ab und sollten daher gegenwärtige und zukünftige Erfordernisse der Kunden verstehen, deren Anforderungen erfüllen und danach streben, deren Erwartungen zu übertreffen.

2) Führung

   Führungskräfte schaffen die Übereinstimmung von Zweck und Ausrichtung der Organisation. Sie sollten das interne Umfeld schaffen und erhalten, in dem sich Personen voll und ganz für die Erreichung der Ziele der Organisation einsetzen können.

3) Einbeziehung der Mitarbeiter

   Auf allen Ebenen machen Mitarbeiter das Wesen einer Organisation aus, und ihre vollständige Einbeziehung ermöglicht es, ihre Fähigkeiten zum Nutzen der Organisation einzusetzen.

4) Prozessorientierter Ansatz

   Ein erwünschtes Ergebnis lässt sich effizienter erreichen, wenn Tätigkeiten und dazugehörige Ressourcen als Prozess geleitet und gelenkt werden.

5) Systemorientierter Managementansatz

   Ermitteln, Verstehen, Leiten und Lenken von miteinander in Wechselbeziehung stehenden Prozessen als System tragen zur Wirksamkeit und Effizienz der Organisation beim Erreichen ihrer Ziele bei.

6) Ständige Verbesserung

   Die ständige Verbesserung der Gesamtleistung der Organisation stellt ein permanentes Ziel der Organisation dar.

7) Sachbezogener Ansatz zur Entscheidungsfindung

   Wirksame Entscheidungen beruhen auf der Analyse von Daten und Informationen.

8) Lieferantenbeziehungen zum gegenseitigen Nutzen

   Eine Organisation und ihre Lieferanten sind voneinander abhängig. Beziehungen zum gegenseitigen Nutzen erhöhen die Wertschöpfungsfähigkeit beider Seiten.

6 Hilfen zu nachhaltigem Erfolg

Die Ziele der ISO 9001 sind im Wesentlichen die Qualitätsverbesserung der Produkte und Prozesse sowie die Erhöhung der Kundenzufriedenheit, während die ISO 9004:2009 das Qualitätsmanagement in einem weiter gefassten Rahmen betrachtet und die Erfordernisse und Erwartungen aller interessierten Parteien behandelt. Die ISO 9004:2009 bietet hierzu eine Anleitung für die systematische und ständige Verbesserung der Gesamtleistung der Organisation, mit dem Ziel des nachhaltigen Erfolges der Organisation.

Dieses Ziel schließt ausdrücklich die Effizienz und die Gewinnverbesserung und damit den wirtschaftlichen Erfolg der Organisation ein. Das Qualitätsmanagement ist somit originäre Angelegenheit der obersten Leitung. Der

Die ISO 9001:2008 – Interpretation der Anforderungen

Kunde profitiert nicht nur von einer stabilen und von ihm gewünschten Qualität des Produktes, sondern auch von der besseren Wirtschaftlichkeit des Lieferanten. Der Lieferant/das Unternehmen profitiert seinerseits von seiner verbesserten Wettbewerbsfähigkeit.

Um dem Anwender der ISO 9001 auch die Empfehlungen der ISO 9004:2008 bereitzustellen, enthält die Tabelle in Teil B dieser Broschüre die Spalte „Hilfen zu nachhaltigem Erfolg" mit Empfehlungen zur Verbesserung der Gesamtleistung der Organisation.

7 Kontinuierliche Verbesserung via Kennzahlen

Die Forderung zur kontinuierlichen Verbesserung zieht sich wie ein roter Faden durch alle Normanforderungen. Um die Realisierung der Anforderung verifizieren zu können, sind die Festlegung, die Messung und der Vergleich von Kennzahlen erforderlich.

Die Kennzahlen sind ein Kernelement für die kontinuierliche Verbesserung und Weiterentwicklung von Managementsystemen.

Ein Unternehmen wird dauerhaft „fit für den Kunden", wenn genau jene Kriterien gemessen werden, die für den Kunden entscheidend sind, mit dem Ziel, Wettbewerbsvorteile zu erreichen.

Mithilfe von Kennzahlen lassen sich Verbesserungspotenziale im Unternehmen identifizieren und die Fortschritte von Verbesserungsmaßnahmen gezielt überwachen. Ferner können durch Kennzahlen interne Benchmarks durchgeführt werden, wodurch interne Leistungswettbewerbe möglich sind.

Die Festlegung der Kennzahlen muss jedoch unternehmensspezifisch vorgenommen werden und sollte im Rahmen der Bestimmung der Qualitätsziele erfolgen. Sie müssen durch die oberste Leitung festgelegt bzw. bestätigt werden, z. B. mithilfe der Balanced Score Card. Hierbei ist zu berücksichtigen, dass zu viele Kennzahlen den Messaufwand erhöhen und dadurch der Nutzen sinkt. Überdies ist zu berücksichtigen, dass die Kennzahlen und Q-Ziele durch die Mitarbeiter beeinflussbar sein müssen. Im Weiteren müssen die Kennzahlen im Rahmen der Q-Zielvorgaben ständig, zumindest periodisch, angepasst werden.

Im Rahmen der Q-Managementsystembewertung sollten Kennzahlen als Bewertungsmaßstab zugrunde gelegt und die Sicherstellung der kontinuierlichen Verbesserung nachgewiesen werden. Durch die besondere Hervorhebung und Trennung der Anforderungen zu Vorbeuge- und Korrekturmaßnahmen wird diese Forderung noch unterstützt.

8 Kundenzufriedenheit

Die Erhöhung der Kundenzufriedenheit, als höchstes Ziel der ISO 9001, soll durch wirksame Anwendung des Qualitätsmanagementsystems erreicht werden. Dies schließt auch die Einhaltung der gesetzlichen und behördlichen Anforderungen ein. Die Kundenzufriedenheit muss ständig beobachtet und gemessen werden, wobei eine Vielzahl von Indikatoren zu berücksichtigen sind. Der Rückgang der Reklamationsrate z. B. ist zwar ein wichtiger, aber bei Weitem nicht der einzige Indikator. Qualitätskosten, Umsatz-/Gewinnzahlen und Erhöhung der Arbeitssicherheit sowie die Ergebnisse einer aktiven Kundenbefragung sind z. B. weitere wichtige Indikatoren.

9 Anpassen bestehender Qualitätsmanagementsysteme

Der Zweck de Normen ISO 9001 und ISO 9004 besteht darin, firmenangemessene Anforderungen an das Qualitätsmanagementsystem einer Organisation zu definieren und der obersten Leitung eine Handlungsanleitung zur Einführung und Nutzung des Qualitätsmanagementsystems zur Verfügung zu stellen, um die Gesamtleistung der Organisation zu verbessern. Insbesondere die ISO 9004 bietet eine Anleitung mit dem Ziel, nachhaltigen Erfolg in einem ständig sich verändernden Umfeld zu erreichen. Die kombinierte Anwendung von ISO 9001 und 9004 kann effektiv und effizient zur Zufriedenheit der Kunden beitragen und gleichzeitig Vorteile für andere interessierte Parteien bewirken.

Das Unternehmen sollte überprüfen, ob sein derzeitiges QM-System den präzisierten Anforderungen der ISO 9001 gerecht wird.

Dabei sind insbesondere folgende Aspekte zu überprüfen:

- Ermittlung der Kundenerwartungen
- Verpflichtung zur Feststellung und Bewertung der Kundenzufriedenheit
- Nachweis/Dokumentation und Auswertung der ständigen Verbesserung
- Beurteilung der Wirksamkeit der Schulungen
- Beschreibung eines Ressourcenmanagements
- Präzisere Darlegung der Wirksamkeit des Managementsystems
- Erkennen und Festlegen der für das System erforderlichen Prozesse und deren Abfolge und Wechselwirkungen.

10 Notwendige Dokumentation des Managementsystems

Der Umfang der QM-Dokumentation soll sich in angemessener Weise an der Größe der Organisation, der Komplexität der Produkte und Prozesse und der Kompetenz der Mitarbeiter orientieren. Aus diesem Grund fordert die Norm als Mindestumfang folgende Inhalte:

- Beschreibung der Qualitätspolitik und der Qualitätsziele
- Erstellen eines Qualitätsmanagementhandbuchs
- Beschreibung der von der Norm geforderten „dokumentierten Verfahren"
- Beschreibung der Lenkung von Dokumenten und Aufzeichnungen, die für die Durchführung der Prozesse notwendig sind.

Für das Qualitätsmanagementhandbuch wird folgender Mindestinhalt gefordert:

- Anwendungsbereich des Qualitätsmanagementsystems
- Begründung für jegliche Ausschlüsse von Anforderungen
- Beschreibung der folgenden von der Norm geforderten 6 Prozesse („dokumentierte Verfahren"):
  - Lenkung von Dokumenten
  - Lenkung von Qualitätsaufzeichnungen
  - Interne Audits
  - Lenkung fehlerhafter Produkte
  - Korrekturmaßnahmen
  - Vorbeugungsmaßnahmen.

Um der weiteren Forderung der Norm nach schriftlichen Aufzeichnungen gerecht zu werden, ist zumindest die Aufzeichnungsart im Qualitätsmanagement-Handbuch und in deren Anhängen festzulegen.

Die ISO 9001:2008 – Interpretation der Anforderungen

B Tabelle „Interpretation der Anforderungen"

Um den Anwender der Norm bei der Umsetzung der Anforderungen in der Praxis und bei der Vorbereitung und Durchführung interner Audits zu unterstützen, werden in der folgenden Tabelle die einzelnen Normanforderungen interpretiert und durch nützliche Informationen ergänzt. Hierbei wird ein durchgängiges Spaltenschema angewendet:

Normanforderungen ISO 9001:2008	Interpretation/Aktivitäten	Dokumentationsbeispiele/Nachweise	Hilfen zu nachhaltigem Erfolg (ISO 9004:2009)	Beispiele für Kennzahlen

Erläuterungen zu den Tabellenspalten

1 Normanforderungen ISO 9001:2008

Die Anforderungen werden stichwortartig, nicht im Wortlaut aufgeführt. Das erleichtert die Arbeit in der Praxis, ersetzt allerdings nicht die Kenntnis des Originaltextes der Norm.

2 Interpretation/Aktivitäten

In dieser Spalte wird erläutert, was unter der Anforderung zu verstehen ist bzw. welche Aktivitäten beispielsweise zur Umsetzung der Anforderung in der Praxis zu ergreifen sind.

3 Dokumentationsbeispiele/Nachweise

Diese Spalte enthält Beispiele für Nachweisdokumente, die die Erfüllung der Normanforderungen nachvollziehbar machen.

4 Hilfen zu nachhaltigem Erfolg (ISO 9004:2009)

In dieser Spalte sind zusätzliche Aspekte der ISO 9004:2009 aufgeführt, die zur systematischen und ständigen Verbesserung der Gesamtleistung der Organisation berücksichtigt werden können.

Sollte diese Spalte keine Ausführungen enthalten, macht die ISO 9004 zu diesem Aspekt keine weiteren Aussagen. Umgekehrt sind in der ISO 9004 Aspekte aufgeführt, zu denen es in der ISO 9001 keine Entsprechungen gibt.

5 Beispiele für Kennzahlen

In dieser Spalte sind praxisnahe Kennzahlenbeispiele aufgelistet. Diese Beispiele sind Orientierungshilfen, die keinen Anspruch auf Vollständigkeit erheben.

In der folgenden Tabelle ist durch einen Stern (*) hinter der Kapitelüberschrift gekennzeichnet, dass die Norm für die Erfüllung dieser Anforderung „objektive Nachweise" (Aufzeichnungen) fordert.

Ein Doppelstern (**) symbolisiert, dass auch das entsprechende Verfahren dokumentiert sein muss.

Die ISO 9001:2008 – Interpretation der Anforderungen

Normkapitel 4: Qualitätsmanagementsystem

Normanforderung ISO 9001:2008	Interpretation/ Aktivitäten	Dokumentationsbeispiele/ Nachweise	Hilfen zu nachhaltigem Erfolg (ISO 9004:2009)	Beispiele für Kennzahlen
4.1 Allgemeine Anforderungen				

• Prozessidentifikation
• Prozessabfolge und Wechselwirkungen
• Prozesslenkung
• Prozessressourcen
• Prozessüberwachung
• Prozessverbesserung
	Aufbau einer kundenorientierten Organisation durch
	• Definition, Festlegung und Darstellung von angemessenen und verständlichen Prozessen, ihrer Abfolge und Wechselwirkung
	• Festlegung von Effizienzkriterien
	• Einbeziehung von Art, Umfang und Lenkung ausgegliederter Prozesse
	mit dem Ziel des Fortschritts der Organisation
		• QMH
		• Prozesse/Verfahrensanweisungen und andere mitgeltende Unterlagen
		• Prozessablaufpläne
		• Managementreview
		• Investitionspläne
		• Maßnahmenpläne
		• Organigramme
		• Selbstbewertungen
		• Analysepläne
		• Prüfpläne
			• Anwendung der 8 QM-Grundsätze (4.1, Anhang B), insbesondere des
			  – „prozessorientierten Ansatzes" und des
			  – „systemorientierten Managementansatzes" (7.1)
			• Entwicklung des QM-Systems mit dem Ziel
			  – effiziente Nutzung der Ressourcen
			  – Entscheidungsfindung auf Basis von Fakten
			  – Beachtung aller relevanten interessierten Parteien, nicht nur Kunden (4.1)
			• regelmäßige Prozessbewertung und -verbesserung (7.1)
				• Prozessqualität
				• Prozessleistung
				• Prozesszeit
				• Prozesskosten
				• Prozessflexibilität
				• Umsatzrendite
				• Gewinn/Verlust
				• Benchmarking (Ranking)
				• Erfüllungsgrad der Zielvorgaben
				• Kapazitätskennzahlen (Ressourcen)

4.2 Dokumentationsanforderungen				
4.2.1 Allgemeines				
• Qualitätspolitik • Qualitätsziele • QM-Handbuch • Prozessdokumentation • Qualitätsaufzeichnungen	Festlegung der Dokumentation zum effizienten Ablauf des QM-Systems und der Prozesse durch Berücksichtigung von • Vertragsanforderungen/anderen Kundenvorgaben • Gesetzen und Normen • Unternehmensstrategie • Wünschen anderer interessierter Parteien zur Umsetzung der Qualitätspolitik und zum Erreichen der quantifizierten Qualitätsziele. Die Dokumentation sollte unter folgenden Aspekten erstellt werden: • Funktionstüchtigkeit • Benutzerfreundlichkeit • erforderliche Ressourcen • Informationsmanagement • Schnittstellen zu Kunden, Lieferanten und anderen interessierten Parteien	QMH mit: • Begründung von Ausschlüssen • Prozesslandschaft • Qualitätszielen, bereichsbezogen, hinterlegt mit Kennzahlen • Prozessen/ Verfahrensanweisungen • Verpflichtung zur ständigen Verbesserung und Bewertung • Vermittlung in der Organisation • Beschreibung der Wechselwirkungen • Prüfplänen • Prozessablaufplänen • Zeichnungen • Organigrammen • Auftragsaufzeichnungen • Fertigungsnachweisen • Protokollen • Checklisten • Prüfnachweisen • Fähigkeitsnachweisen • Konformitätserklärungen • sonstigen Nachweisen zur Erfüllung der Forderungen	Anmerkung: Die ISO 9004 macht keinerlei Angaben zur Dokumentation des Qualitätsmanagementsystems	• Zeiten/Kosten für die Einarbeitung von Änderungen • Zeiten/Kosten für das Auffinden von Informationen • Erstellungskosten/ Pflegekosten • Verteilungskosten • Überprüfungsintervalle • Archivierungsdauer und Kosten • Abstimmungsaufwand • Handhabungsaufwand

Die ISO 9001:2008 – Interpretation der Anforderungen

Normanforderung ISO 9001:2008	Interpretation/ Aktivitäten	Dokumentationsbeispiele/ Nachweise	Hilfen zu nachhaltigem Erfolg (ISO 9004:2009)	Beispiele für Kennzahlen
4.2.2 Qualitätsmanagement-Handbuch*				
• Geltungsbereich • Normausschlüsse • Verfahrensbeschreibungen • Prozesswechselwirkungen	Erstellung eines QM-Handbuches mit Darstellung der Organisation und der Prozesslandschaft mit dem Ziel, die Art und Tätigkeit der Organisation zu regeln und intern sowie extern darzustellen	QMH mit: • Verfahrensanweisungen • Organigrammen • geografischem und fachlichem Geltungsbereich • Begründung von Ausschlüssen von Forderungen entsprechend Kap. 7 • Prozessbeschreibungen/-ablaufplänen • Beschreibung der Wechselwirkungen • Verpflichtung zur ständigen Verbesserung • geforderten dokumentierten Verfahren	Anmerkung: Die ISO 9004 macht keinerlei Angaben zum Qualitätsmanagementhandbuch	
4.2.3 Lenkung von Dokumenten*/**				
• Bedarfsprüfung • Kennzeichnung • Erstellung • Prüfung • Freigabe • Verteilung • Verfügbarkeit • Änderung • Einzug • Vernichtung • Archivierung	Dokumentation und Umsetzung eines Verfahrens zur Lenkung von internen und notwendigen qualitätsrelevanten externen Dokumenten und Daten mit dem Ziel einer effizienten und eindeutigen Information und Kommunikation	• Prozess/VA Lenkung von Dokumenten • QMH • Freigabedokumente/-verfahren • Änderungsverfahren • Freigabeverfahren • Verfahrensanweisungen • Prüfpläne • Revisionsstandslisten • Verteilerschlüssel und -listen • Ausgabe- und Empfangsnachweise • Prüfung von externen Dokumenten • Übersicht von externen und übergeordneten Dokumenten • Archivierungslisten mit Fundstellen	Anmerkung: Die ISO 9004 macht keinerlei Angaben zur Lenkung von Dokumenten	• Überprüfungszyklus • Informationsbeschaffungskosten (Gesetze, Richtlinien, Normen u. a. Regelwerke) • Verteilerumfang • Archivierungskosten
4.2.4 Lenkung von Aufzeichnungen*/**				
• Lesbarkeit • Kennzeichnung • Schutz • Verfügbarkeit • Wiederauffindbarkeit • Aufbewahrungszeit	Erstellung, Dokumentation und Umsetzung eines Verfahrens zur Lenkung von internen und externen Aufzeichnungen und Daten sowie deren Verfügung, um die Einhaltung der Qualitätsziele, der Prozesse und der Kundenforderungen überprüfbar zu machen	• QMH • Prozess/VA Lenkung von Aufzeichnungen • Managementreview • Vertriebs- und Auftragsaufzeichnungen • Fertigungsnachweise • Protokolle • Checklisten • Prüfnachweise • Dokumentation der internen Audits • Fähigkeitsnachweise • Beschaffungsaufzeichnungen • Logistikaufzeichnungen • Konformitätsnachweise • Archivierungslisten mit Fundstellen	Anmerkung: Die ISO 9004 macht keinerlei Angaben zur Lenkung von Aufzeichnungen	• Archivierungsdauer • Archivierungskosten • Wiederauffindbarkeitsindex

* Die Norm fordert für die Erfüllung dieser Anforderung „objektive Nachweise" (Aufzeichnungen).
** Auch das entsprechende Verfahren muss dokumentiert sein.

Die ISO 9001:2008 – Interpretation der Anforderungen

Normkapitel 5: Verantwortung der Leitung

Normanforderung ISO 9001:2008	Interpretation/ Aktivitäten	Dokumentationsbeispiele/ Nachweise	Hilfen zu nachhaltigem Erfolg (ISO 9004:2009)	Beispiele für Kennzahlen
5.1 Selbstverpflichtung der Leitung				

• Kundenanforderungen
• Gesetze/behördliche Anforderungen
• Qualitätspolitik
• Qualitätsziele
• Managementbewertung
• Ressourcen
	Schaffung eines wirksamen QM-Systems durch aktive Beteiligung der obersten Leitung bezüglich der
	• strategischen Ziele
	• Firmenausrichtung
	• Analyse
	• Bewertung
	• Personalpolitik
	• Kommunikation
	• Vorbildfunktion
	mit dem Ziel, die Vertrauenswürdigkeit der Organisation, ihres QM-Systems und ihrer Prozesse nach innen und außen zu gewährleisten und den Nutzen für alle Beteiligten zu erhöhen
		• Managementreview
		• Darstellung der Qualitätspolitik
		• Schulungspläne/ -nachweise
		• Mitarbeiterinformationen (Aushänge, Tagesordnungen von Informationsveranstaltungen)
		• Personalentwicklungspläne
		• QM-Pläne
		• Protokolle über Zielvorgaben
		• Projektpläne
		• Investitionspläne
		• Betriebsvereinbarungen
		• Kundenzufriedenheitsanalysen
			Um nachhaltigen Erfolg zu erzielen, sollte die oberste Leitung die 8 QM-Grundsätze (ISO 9004:2009 Anhang B, siehe auch in Kapitel 5 dieser Broschüre) auf das QM-System der Organisation anwenden und dabei Folgendes sicherstellen:
			• effiziente Nutzung der Ressourcen
			• Entscheidungsfindung auf der Grundlage von Fakten
			• besondere Beachtung sowohl der Kundenzufriedenheit als auch der Erfordernisse und Erwartungen der sonstigen relevanten interessierten Parteien (4.1)
				• Erfüllungsgrad der Zielvorgaben
				• Erfüllungsgrad Termintreue
				• Kundenzufriedenheitsindex
				• Return of Investment (RoI)
				• Benchmark-Hitliste (Ranking)
				• Qualifikationsindex des Personals
				• monetäre Kennzahlen, z. B.
				• Umsatzrendite (Rendite allgemein)
				  – Gewinn/Verlust
				  – Umsatz allgemein
				  – Umsatzkennzahlen, z. B. Umsatz pro Mitarbeiter
				  – Umschlagzahlen, z. B. Lagerumschlaghäufigkeit
				• Zahl der Schnittstellen

5.2 Kundenorientierung				

• Kundenforderungen
• Kundenzufriedenheit
  – Bedürfnisse
  – Erwartungen
	Ermittlung der Erfordernisse und Erwartungen von Kunden und interessierten Parteien bezüglich Produkteigenschaften, Umweltauswirkungen, Service, Preis, Lebenszykluskosten und Produkthaftung mit dem Ziel,
	• Erfordernisse und Erwartungen zu verstehen
	• Schlüsselmerkmale der Produkte zu erkennen
	• Marktchancen und Wettbewerbsvorteile zu nutzen
	• Schwächen zu reduzieren
	Interessierte Parteien können sein:
	• Kunden und Endabnehmer
	• Personen in der Organisation
	• Eigentümer/Investoren
	• Lieferanten und Partner des Teils der Gesellschaft, der von den Produkten betroffen ist
		• Auswertungen von Kundenbefragungen
		• Marktanalysen
		• Reklamationsdokumente/-analysen
		• Aufzeichnungen aus Produktvalidierungen
		• Qualitätskosten
		• Kennzahlen
		• Kundenzufriedenheitsanalysen
		• Produktspezifikationen
		• Regelwerke
			• Beziehungen zum gegenseitigen Nutzen aufbauen (4.2)
			• Methoden anwenden, um häufig gegenläufige Erfordernisse und Erwartungen von Kunden und anderen interessierten Parteien gegeneinander abzuwägen (4.2)
			• Kunden und andere interessierte Parteien ständig einbeziehen und auf dem Laufenden halten (4.2)
			• Erfordernisse und Erwartungen der Gesellschaft berücksichtigen, bzgl.
			  – Umweltschutz
			  – ethischem Verhalten und
			  – Einhalten gesetzlicher u. behördlicher Anforderungen (4.4)
				• Kundenzufriedenheitsindex
				• Reklamationsentwicklung
				• neue Produkte/Zeiteinheit
				• Break-even-Point für neue Produkte
				• Lebenszyklus der Produkte
				• Zahl der Produkthaftungsfälle
				• Produktionsrisikokennzahl

Die ISO 9001:2008 – Interpretation der Anforderungen

Normanforderung ISO 9001:2008	Interpretation/ Aktivitäten	Dokumentationsbeispiele/ Nachweise	Hilfen zu nachhaltigem Erfolg (ISO 9004:2009)	Beispiele für Kennzahlen
5.3 Qualitätspolitik*				
• Angemessenheit • Verpflichtung zur ständigen Verbesserung • Zielbestimmung • Vermittlung • Bewertung • Qualitätsziele	Festlegung der Qualitätspolitik und der -ziele unter Berücksichtigung von • Niveau und Art der Erfolgsfaktoren • Grad der erwarteten oder gewünschten Kundenzufriedenheit • Weiterentwicklung der Beschäftigten • Erwartungen anderer interessierter Parteien • benötigten Ressourcen • eigenen Bedürfnissen mit dem Ziel, • der Strategie näherzukommen • angemessene Qualitätsziele abzuleiten • Leistungsverbesserung zu erreichen • Ressourcen zu planen	• QMH • Unternehmensleitlinien und -grundsätze • Darstellung der Q-Politik • Schulungsplan und -nachweis • Mitarbeiterinformationen (Aushänge o. Ä.) • Managementreview • Interne Audits • Betriebsversammlung • Personalentwicklungsplan	• Mission, Vision und Werte für die Organisation als Basis für Strategie und Politik festlegen und kommunizieren, mit dem Ziel, dass – Mitarbeiter und – weitere interess. Parteien diese akzeptieren und unterstützen (5.2) • Regelmäßige Überwachung und Bewertung des Umfeldes der Organisation hinsichtlich des Einflusses auf Strategie und Politik. Das Umfeld der Organisation schließt ein: – Erfordernisse und Erwartungen von Kunden – Wettbewerbssituation – neue Technologien – politische Veränderungen – wirtschaftl. Vorhersagen – soziologische Faktoren (5.2)	• Mitarbeiterzufriedenheitsindex • Kundenzufriedenheitsindex • Ressourcenbewertung • BWL-Kennzahlen • Reklamationsrate • Bonität des Unternehmens (solvent oder insolvent)
5.4 Planung				
5.4.1 Qualitätsziele*				
• Festlegen • Kennzahlen • Messen	Festlegung, Bekanntmachung und systematische Bewertung von messbaren Qualitätszielen in allen relevanten Ebenen auf Grundlage der Qualitätspolitik mit dem Ziel, angemessene Maßnahmen zur Umsetzung der Qualitätspolitik festzulegen. Bei der Festlegung der Ziele sollte Folgendes berücksichtigt werden: • Erfordernisse der Organisation und des Marktes • Feststellungen aus den Management- und anderen Selbstbewertungen • aktuelle Produkt- und Prozessleistungen • Grad der Kundenzufriedenheit • Verbesserungsmöglichkeiten • erforderliche Ressourcen zur Zielverfolgung und -erreichung	• QMH • interne/externe Zielvereinbarungen (Geschäftspläne, Projektpläne, Qualitätssicherungsvereinbarungen) – unternehmensbezogen – produktbezogen – kundenbezogen – übergeordnet • Mitarbeiterinformationen • Protokolle zu Mitarbeitergesprächen • Trendanalysen	• Strategische Risiken abschätzen und angemessene Gegenmaßnahmen festlegen (5.3.1) • Mögliche Konflikte aufgrund der unterschiedlichen Erfordernisse und Erwartungen der interessierten Parteien vorhersehen (5.3.2) • Ursachen in der Vergangenheit aufgetretener Probleme ermitteln und bewerten, um erneutes Auftreten zu verhindern (5.3.2) • Interessierte Parteien fortlaufend über Fortschritte bzgl. der Pläne informieren (5.3.2) • Potenzielle Probleme in den Wechselwirkungen zwischen den Prozessen ermitteln (5.3.3) • Regeln und Werkzeuge zum Setzen von Prioritäten bei Verbesserungs- und Änderungsinitiativen bereitstellen (5.3.3) • Richtlinien für das Aufstellen und Umsetzen von Zielen zur Verfügung stellen (5.3.3)	• Investitionsvolumen (mittel-, langfristig) • Anzahl neuer Produkte pro Zeitperiode • Prozentsatz des Umsatzes aus neuen Produkten • Erfüllungsquote der Zielpreise • Anzahl der Patente • Betriebsgewinn vor Steuern aus neuen Produkten im Verhältnis zu deren Gesamtentwicklungskosten • Kundenzufriedenheitsindex (Kunden/ interessierte Parteien) • Fehlleistungskosten intern/extern • Kulanzaufwendungen • Mitarbeiterzufriedenheitsindex

* Die Norm fordert für die Erfüllung dieser Anforderung „objektive Nachweise" (Aufzeichnungen).

Die ISO 9001:2008 – Interpretation der Anforderungen

Normanforderung ISO 9001:2008	Interpretation/ Aktivitäten	Dokumentationsbeispiele/ Nachweise	Hilfen zu nachhaltigem Erfolg (ISO 9004:2009)	Beispiele für Kennzahlen
5.4.2 Planung des Qualitätsmanagementsystems				
• Zielerreichung • Funktionsfähigkeit • Dokumentation	Planung und Änderung von Prozessen zur wirksamen Erfüllung der Qualitätsziele unter Berücksichtigung von • Kunden- und gesetzlichen Forderungen • Leistungsdaten der Produkte und Prozesse • Erfahrungen und Erkenntnissen • Verbesserungsmöglichkeiten mit dem Ziel, die Grundlagen für erforderliche Produktrealisierungs- und Unterstützungsprozesse zu schaffen	• QMH • Verfahrensanweisungen • Investitionspläne • Strategiepläne • QM-Pläne • Produktionspläne • Ressourcenpläne/ -nachweise • Verfahrens-/Prozessbeschreibungen • Arbeits- und Prüfpläne		• Liefer-/Leistungstermintreue (%) • Realisierungsgrad gesetzlicher Auflagen • Zuverlässigkeitsdaten von Produkten • durchschnittliche Durchlaufzeit der Fertigungsaufträge • Auslastungsgrad der Maschinen und Anlagen • Investitionsindex • Amortisationsindex
5.5 Verantwortung, Befugnisse und Kommunikation				
5.5.1 Verantwortung und Befugnisse				
• Festlegung • Übertragung • Bekanntmachung	Zuordnung von eindeutigen Verantwortungsbereichen mit dem Ziel, die Mitarbeiter zur Mitwirkung am Erreichen der Qualitätsziele zu motivieren	• QMH • QM-Verfahrensanweisungen • Stellen-/Funktionsbeschreibungen • Anforderungsprofile • Organigramm und Aufbauorganisation • Funktionsbeschreibungen • Stellenbeschreibungen	• Prozessverantwortliche (Prozesseigner) mit festgelegten Verantwortlichkeiten und Befugnissen für jeden Prozess benennen (7.3) • Sicherstellen, dass Prozessverantwortliche über die notwendigen Kompetenzen verfügen und in der Organisation anerkannt werden (7.3)	• Überstundenquote • Erfüllungsgrad der Leistungsbeurteilungen • Erfüllungsgrad der erstellten Arbeitsplatzbeschreibungen • Anzahl der Arbeitnehmerbeschwerden
5.5.2 Beauftragter der obersten Leitung				
• Benennung • Unabhängigkeit • Berichterstattung	Ernennung eines Mitgliedes der Leitung der Organisation zur • Leitung • Lenkung • Überwachung • Beurteilung • Koordinierung • Bewusstseinsförderung des QM-Systems mit dem Ziel, die Wirksamkeit des QM-Systems zu steigern	• QMH • Organigramm und Aufbauorganisation • Benennungsschreiben des QMB • Funktionsbeschreibung des QMB • Stellenbeschreibung des QMB • Statusberichte/ Q-Analysen • Berichte zu internen Audits • Berichte zur Q-Situation • statistische Auswertungen		

Die ISO 9001:2008 – Interpretation der Anforderungen

Normanforderung ISO 9001:2008	Interpretation/ Aktivitäten	Dokumentationsbeispiele/ Nachweise	Hilfen zu nachhaltigem Erfolg (ISO 9004:2009)	Beispiele für Kennzahlen
5.5.3 Interne Kommunikation				
Systematisierung	Prozessimplementierung für die interne Kommunikation von • Qualitätspolitik • Qualitätsanforderungen • Zielen • Ergebnissen • Rückmeldungen mit dem Ziel, die Einbindung der Mitarbeiter in die Zielerreichung zu fördern	• Besprechungsprotokolle und Besprechungsberichte • Gruppenschulungen und andere Zusammenkünfte • Anschlagtafeln, interne Zeitschriften und Rundschreiben • audiovisuelle und elektronische Medien • Tagesordnungen von betrieblichen Veranstaltungen • Rundschreiben • Statistiken • Berichte zur Wirksamkeit des QMS	• Rückmeldungen regelmäßig bewerten (5.4) • Kommunikation sollte sich auch mit Veränderungen im Umfeld der Organisation proaktiv befassen (5.4) • Der Kommunikationsprozess sollte sowohl vertikal als auch horizontal ablaufen und auf die unterschiedlichen Anforderungen seiner Empfänger zugeschnitten sein (5.4)	• Beteiligungsquote im KVP-Prozess bzw. Vorschlagswesen • Beteiligungsquote bei Mitarbeiterbefragungen • durchschnittliche Reaktionszeit bei Verbesserungsvorschlägen
5.6.1 Allgemeines*				
• Wirksamkeit • Verbesserungspotenziale	Regelmäßige Bewertung des Systems zur Erreichung der Unternehmensziele in Bezug auf • Eignung • Angemessenheit • Wirksamkeit • Verbesserungspotenzial • Änderungsbedarf mit dem Ziel, Daten für die Planung der Leistungsverbesserung der Organisation bereitzustellen	• Managementreview • Monatsberichte • Controlling- und Finanzberichte • Q-Berichte • Lieferantenbewertungen • Logistikberichte	Aspekte wie • Anpassungsfähigkeit, • Flexibilität und • Reaktionsschnelligkeit der Organisation bewerten (8.5)	Betriebswirtschaftliche Kennzahlen, z. B.: • Einsparungspotenziale • Potenzialbetrachtungen allgemein • Bonitäten • Kosten-Nutzen-Vergleiche • Investitionen
5.6.2 Eingabe für die Bewertung				
• Auditergebnisse • Kundenrückmeldungen • Prozessleistungen • Produktkonformität • Vorbeugemaßnahmen • Korrekturmaßnahmen • Systemfortschritt • Folgemaßnahmen • Verbesserungsvorschläge	Aufbereitung aller verfügbaren relevanten Daten zu • Produktqualität • Prozessqualität • Markttendenzen • Lieferantenentwicklung mit dem Ziel, den derzeitigen Stand des Unternehmens in Bezug auf die bisherige Unternehmensentwicklung und die zukünftigen Entwicklungsnotwendigkeiten darzustellen, unter Berücksichtigung von Folgemaßnahmen vorausgegangener Managementbewertungen	• Managementreview • Kundenzufriedenheitsanalysen • Prozessanalysen • Nachweise über Korrektur- und Vorbeugemaßnahmen • Ressourcenbedarf und -einsatzpläne • Ergebnisse von Benchmarking • Qualitätsanalysen • Risikoanalysen (technisch/wirtschaftlich) • Berichte interner Audits • Prozessaudits • Produktaudits/-berichte • Maßnahmenberichte • Investitionsplanungen	Weitere Eingaben für die Managementbewertung: • Ergebnisse der Bewertung von (Risiko-)Ressourcen (6.1) • Finanzberichte (6.2) • Ergebnisse der Überwachung des Umfeldes der Organisation (8.5) • Ergebnisse der Selbstbewertung mit Hilfe des Selbstbewertungswerkzeuges der ISO 9004 (Anhang A)	• Umsatz-/Gewinn- und -Verlust-Kennzahlen • Kundenzufriedenheitsindex • Erfüllungsgrad festgelegter Korrektur- und Vorbeugemaßnahmen vorheriger Bewertungen • Anzahl von Abweichungen interner Audits • Anzahl der Mängel bei Lieferantenaudits • Kennzahlen der Prozessleistung, Prozessqualität, Prozesskosten, Prozessflexibilität, Prozesszeit • Investitionsrealisierung • Anzahl der Top-Lieferanten • Ist-Qualität zu Soll-Qualität bezogen auf Produkte und Prozesse • Realisierungsgrad gesetzlicher Anforderungen • etc.

* Die Norm fordert für die Erfüllung dieser Anforderung „objektive Nachweise" (Aufzeichnungen).

Die ISO 9001:2008 – Interpretation der Anforderungen

Normanforderung ISO 9001:2008	Interpretation/ Aktivitäten	Dokumentationsbeispiele/ Nachweise	Hilfen zu nachhaltigem Erfolg (ISO 9004:2009)	Beispiele für Kennzahlen
5.6.3 Ergebnisse der Bewertung				
• Verbesserungsziele • Produktziele • Produktverbesserungen • Ressourcen	Festlegung von Zielen und Maßnahmen insbesondere in Bezug auf • Leistungsziele für Produkte und Prozesse • Leistungsverbesserung des Unternehmens • Entwicklung der Unternehmensstruktur • Marketing und Produktstrategien • Produktentwicklungen mit dem Ziel, die Unternehmensziele zu überprüfen, ggf. zu ändern und Wege zur Zielverfolgung festzulegen	• Managementreview • Geschäftsplan • Strategiepläne • Investitionspläne • Personalpläne • neue Ziele • Projekte • Maßnahmenliste	• Angemessenheit und Wirksamkeit der bereitgestellten Ressourcen im Hinblick auf die Zielerreichung einschätzen (8.5) • Ergebnisse der Bewertung in einem Format darstellen, das die Verwirklichung von Prozessverbesserungsmaßnahmen erleichtert (8.5)	• Zielbildung durch Kennzahlen für: – Prozessleistung, – Prozessqualität, – Prozesskosten, – Prozessflexibilität, – Prozesszeit, – Zielerreichungsgrad • Zufriedenheitsindizes • Vorgaben für Ressourcenplanung • Umsatzanteil neuer Produkte • Effizienzsteigerungsraten

Normkapitel 6: Management von Ressourcen

Normanforderung ISO 9001:2008	Interpretation/ Aktivitäten	Dokumentationsbeispiele/ Nachweise	Hilfen zu nachhaltigem Erfolg (ISO 9004:2009)	Beispiele für Kennzahlen
6.1 Bereitstellung von Ressourcen				
• Ermittlung • Bereitstellung	Ermittlung der benötigten Ressourcen wie z. B. in den Bereichen • Personal • Infrastruktur • Arbeitsumgebung • Informationen • Lieferanten • Partner • Produktentwicklung mit dem Ziel, die zur Verwirklichung der Strategien und Erreichung der Ziele notwendigen Mittel rechtzeitig bereitzustellen, um die Kundenzufriedenheit zu erhöhen	• QMH • Investitionspläne – für Personal – für Ausrüstung – für Immobilien – Stellenplanungen – andere Zielsetzungspläne	• Zusätzliche Ressourcen berücksichtigen: – Energie – natürliche Ressourcen – finanzielle Ressourcen • Prozesse zur Bereitstellung, Verteilung, Überwachung, Bewertung, Optimierung, Aufrechterhaltung und zum Schutz der Ressourcen etablieren • Risiken einer möglichen Verknappung der Ressourcen ermitteln und bewerten • Verfügbarkeit und Eignung von (Risiko-)Ressourcen regelmäßig bewerten • Nach neuen Ressourcen und Technologien forschen (alle 6.1)	• Kundenzufriedenheitsindex • MA-Zahl je Arbeitsplatz • Raumbedarf pro MA • Anzahl der Lieferanten • Qualifikationsindex • Lagerkapazität • Lagerzeit der Produkte • Kosten pro Lagerbewegung • Kapitalbindungskosten • Flächen-/Höhennutzungsgrad • Auslastungsgrad Betriebsmittel • Fremdarbeiteranteil • Reisekosten – Fahrzeugkosten • Schadstoffsenkungsquote

Die ISO 9001:2008 – Interpretation der Anforderungen

Normanforderung ISO 9001:2008	Interpretation/ Aktivitäten	Dokumentationsbeispiele/ Nachweise	Hilfen zu nachhaltigem Erfolg (ISO 9004:2009)	Beispiele für Kennzahlen
ISO 9004:2009, Kapitel 6.2: Finanzielle Ressourcen				
Anmerkung: In der ISO 9001:2008 gibt es keine Entsprechung zu diesem Punkt			• Bedarf an Finanzmitteln ermitteln und notwendige Ressourcen festlegen, z. B. in Form von – Bargeld – Bürgschaften – Anleihen oder – sonstigen Finanzinstrumenten • Prozesse zur Überwachung, Lenkung u. Berichterstattung der Wirksamkeit der Verwendung finanzieller Ressourcen • Finanzberichterstattung im Rahmen der Managementbewertung	
6.2 Personelle Ressourcen				
6.2.1 Allgemeines				
• Befähigung	Sicherstellung des Einsatzes von qualifiziertem und motiviertem Personal durch geeignete Auswahl, z. B. aufgrund von • Schulbildung • Fertigkeiten • Erfahrungen • geeignetem Einsatz von und Entwicklungsförderung durch Schulungen • Festlegung von Personalzielen • Kompetenzfestlegung • Belohnungssystemen • Kommunikationsoffenheit • Fluktuationsuntersuchungen mit dem Ziel, durch motivierte Mitarbeiter die Qualitätsziele effektiv zu erreichen	• QMH • Stellen-/Funktionsbeschreibungen • Arbeitsverträge • Personalentwicklungspläne • Qualifikationsbescheinigungen • Aufzeichnungen über Mitarbeitergespräche • Mitarbeiterzeugnisse/-beurteilungen • Qualifikationsmatrix	Die oberste Leitung sollte durch die Art und Weise ihrer Führung ein internes Umfeld schaffen, in dem die Mitarbeiter • bei der Erreichung der Organisationsziele einbezogen werden und • zur persönlichen Weiterentwicklung, • zum Lernen, • zur Weitergabe von Wissen und • zur Teamarbeit ermutigt werden (6.3.1)	• Krankenstand • Fluktuationsquote • Anzahl der Überstunden/Fehlzeiten • Zufriedenheitsindex aus Mitarbeiterbefragung • Angestellten-/Gewerbliche-Verhältnis • Anzahl der Bewerber (pro Stelle) • durchschnittliche Dauer der Betriebszugehörigkeit • Anzahl der Arbeitsplatzbeschreibungen/ Hierarchieebenen • Anzahl der Leistungsbeurteilungen/Verantwortungsbereich • Anzahl der Arbeitnehmerbeschwerden • Anzahl der Verbesserungsvorschläge • Kosten pro Einstellung • Ist-/Sollbelegschaft

Die ISO 9001:2008 – Interpretation der Anforderungen

Normanforderung ISO 9001:2008	Interpretation/ Aktivitäten	Dokumentationsbeispiele/ Nachweise	Hilfen zu nachhaltigem Erfolg (ISO 9004:2009)	Beispiele für Kennzahlen
6.2.2 Kompetenz, Schulung und Bewusstsein*				

• Kompetenz
• Schulungsbedarf
• Bewusstseinsbildung
• Schulung
• Schulungswirksamkeit
• Schulungsnachweise
	Ermittlung des Schulungsbedarfes unter Beachtung des Anforderungsprofils im Rahmen von
	• Unternehmensvision
	• Unternehmenspolitik
	• Unternehmenszielen
	• Verbesserungsprozessen
	• Innovationen in Bezug auf
	  – Fachkenntnisse
	  – Unternehmensverständnis
	  – Führungsfähigkeit
	  – Teamfähigkeit
	  – kulturelles und soziales Verhalten
	  – Marktkenntnisse
	  – Bewusstseinsbildung
	mit dem Ziel, durch effektive Schulungen das Personal zu fördern und durch Motivation das Bewusstsein zur Qualität auszubilden.
	Hinweis: Zur Schulungsplanung und -durchführung gehören
	• Zieldefinition
	• Schulungsprogramm/ Schulungsmethoden
	• Ressourcenermittlung
	• Beurteilung hinsichtlich Persönlichkeitsentwicklung
	Sicherstellung, dass die notwendigen Kompetenzen erreicht wurden
		• Aufzeichnungen über Qualifikationsanforderungen
		• Qualifikationsmatrix
		• Stellen-/Funktionsbeschreibungen
		• Einarbeitungspläne
		• Aufzeichnungen über Mitarbeitergespräche
		• Schulungspläne
		• Schulungsnachweise
		• Nachweise über die Bewertung der Wirksamkeit von Schulungen:
		  – Ausbildungsziel
		  – Nutzen der Schulung
		  – Effizienz der Schulung
		  – Nutzen für das Unternehmen
		  – Anwendung der geschulten Maßnahme
		• strukturierte Mitarbeitergespräche
			• „Mitarbeiterentwicklungsplan" und zugehörige Prozesse einführen, um Organisation beim Identifizieren, Entwickeln und Verbessern der Kompetenzen zu unterstützen, z. B. durch
			  – Ermitteln der kurz- und langfristig erforderlichen Kompetenzen
			  – Ermitteln der gegenwärtig verfügbaren Kompetenzen, der Unterschiede zu den benötigten Kompetenzen und dem, was zukünftig erforderlich sein könnte (6.3.2)
			• Einbindung und Motivation der Mitarbeiter fördern durch
			  – Verfahren zur Erfassung von Verbesserungsideen
			  – auf Einzelbewertung beruhende Anerkennungs- und Belohnungssysteme
			  – Unterstützung bei der persönlichen Karriereplanung
			  – Bewertung des Zufriedenheitsgrades der Mitarbeiter
			  – individuelle Beratung und Betreuung durch Tutoren (6.3.3)
				• Umsetzungsgrad der Bedarfsermittlung
				• Anzahl der Schulungseinheiten pro Mitarbeiter
				• Ist-Qualifikation zu Soll-Qualifikation
				• Teilnehmerbeurteilungen
				• Schulungskosten
				• Anteil externe/interne Schulungen
				• Referentenbewertung
				• Anzahl der Verbesserungsvorschläge
				• Anzahl umgesetzter Verbesserungen
				• Kosten/Nutzen-Relation
				• Umsetzungszeit für VV
				• Mitarbeiter-Zufriedenheitsindex

6.3 Infrastruktur				

• Gebäude
• Arbeitsräume
• Versorgungseinrichtungen
• Prozessausrüstungen
• Dienstleistungen
	Ermittlung der Infrastruktur unter Beachtung des Anforderungsprofils im Rahmen von
	• Unternehmensstrategie
	• Unternehmenspolitik
	• Unternehmenszielen
	• Kundenanforderungen
	• Gesetzeslagen
	• Verbesserungsprozessen
	• Innovationen in Bezug auf
	  – Funktionsfähigkeit
	  – Verfügbarkeit/Risiken
	  – Sicherheit
	  – Instandhaltung
	  – Umweltverträglichkeit
	mit dem Ziel, durch eine zweckdienliche Infrastruktur die Unternehmensziele effektiv zu erfüllen
		• Arbeitsplatzstudien
		• Investitionspläne
		• Wartungs- und Instandhaltungspläne und Protokolle
		• Protokolle über Prozessfähigkeitsuntersuchungen
		• Protokolle über Lieferantenbewertungen (einschl. Dienstleister)
		• Risikoanalyse (Arbeitssicherheit/ UVV)
		• Schutzausrüstungen
		• Gefahrstoffkataster
		• Störfallregeln
		• Berichts- und Meldewesen
			• Eignung der Infrastruktur regelmäßig bewerten, und zwar in Bezug auf
			  – Zuverlässigkeit
			  – Sicherheit
			  – Effizienz, Kosten, Kapazität
			  – Auswirkung auf die Arbeitsumgebung
			• Risiken ermitteln und reduzieren
			• Notfallpläne aufstellen (alle 6.5)
				• Wasserverbrauch
				• Mitarbeiter je qm
				• Energieverbrauch
				• Instandhaltungskosten
				• Reinigungskosten
				• Reparaturkosten
				• innerbetriebliche Transportzeiten
				• Ausrüstungsgrad/ Nutzungsgrad von elektronischen Kommunikationsmitteln
				• Auslastungsgrad
				• Reservekapazitätsquote

* Die Norm fordert für die Erfüllung dieser Anforderung „objektive Nachweise" (Aufzeichnungen).

Die ISO 9001:2008 – Interpretation der Anforderungen

Normanforderung ISO 9001:2008	Interpretation/ Aktivitäten	Dokumentations- beispiele/ Nachweise	Hilfen zu nachhal- tigem Erfolg (ISO 9004:2009)	Beispiele für Kennzahlen
6.4 Arbeitsumgebung				
• Ermittlung • Bereitstellung • Aufrechterhaltung	Ermittlung und Bereit- stellung einer geeigneten Arbeitsumgebung unter Beachtung menschlicher und physikalischer, ökologischer Faktoren in Bezug auf • Kreativität • Sicherheitsbestimmun- gen • Ergonomie • Temperatur, Feuchtig- keit, Wetter, Beleuch- tung, Belüftung • Hygiene, Sauberkeit • Lärm mit dem Ziel, die Moti- vation, Zufriedenheit und Leistungsfähigkeit der Mitarbeiter zu erhöhen	• Nachweise über Arbeitsschutz- unterweisungen • Nachweise zur Erfül- lung behördlicher oder gesetzlicher Anforde- rungen bzw. Auflagen • Wartungs-, Instandhaltungspläne (Protokolle) • Arbeitsplatzstudien • Benchmarking zur Arbeitsumgebung • Mitarbeiterzufrieden- heitsanalysen • Analysen zur Fluktua- tion/Abwesenheit • persönliche Schutz- ausrüstungspläne • Risikoanalysepläne • Kommunikationszo- nen (Kantinen, Auf- enthaltsräume etc.)	• Soziale Einrichtungen schaffen und erhalten • Effizienzmaximierung und Abfallminimie- rung • produktivitäts-, krea- tivitäts- und gesund- heitsfördernde Ar- beitsumgebung für Mitarbeiter und Be- sucher, z. B. Kunden, Lieferanten und Part- ner, schaffen (alle 6.6)	• Krankenstand • Temperatur, Feuchtig- keit und Beleuchtung • durchgeführte Unfall- verhütungsvorschrift, Schulungen • Mitarbeiterzufrieden- heitsindex • Unfallstatistik • Diebstahlstatistik • Geräuschbelastung in dB • Arbeitsplatz/Mitarbei- ter in qm • Fluktuationsquote • Reparaturkosten • Ausstattungsindex
ISO 9004:2009, Kapitel 6.7: Wissen, Information und Technologie				
Anmerkung: In der ISO 9001:2008 gibt es keine Entspre- chung zu diesem Punkt			• Wissen, Information und Technologie als Ressourcen betrachten und Prozesse zu – Bedarfsermittlung, – Beschaffung, – Schutz, – Verwendung und – Bewertung einführen (6.7.1) • Gegenwärtige Wis- sensbasis ermitteln und schützen, z. B. durch – Lernen aus Fehlern – Erfassen des Wissens und der Erfahrungen – Sammeln von Wis- sen von Kunden, Lieferanten etc. – wirksame Über- mittlung insbes. an Schnittstellen (6.7.2) • Integrität, Vertraulich- keit und Verfügbarkeit von Informationen si- cherstellen (6.7.3) • Technologische Alter- nativen bewerten in Bezug auf – den aktuellen Stand der Technik – Kosten und Nutzen – Risiken – Wettbewerbsumfeld – Reaktionsfähigkeit im Falle konkreter Kundenwünsche (6.7.4)	

Die ISO 9001:2008 – Interpretation der Anforderungen

Normanforderung ISO 9001:2008	Interpretation/ Aktivitäten	Dokumentations-beispiele/ Nachweise	Hilfen zu nachhaltigem Erfolg (ISO 9004:2009)	Beispiele für Kennzahlen
ISO 9004:2009, Kapitel 6.8: Natürliche Ressourcen				
Anmerkung: In der ISO 9001:2008 gibt es keine Entsprechung zu diesem Punkt			• Chancen und Risiken der Verfügbarkeit und Nutzung natürlicher Ressourcen abwägen • Umweltschutzaspekte berücksichtigen • Umweltauswirkungen minimieren	

Normkapitel 7: Produktrealisierung

Normanforderung ISO 9001:2008	Interpretation/ Aktivitäten	Dokumentations-beispiele/ Nachweise	Hilfen zu nachhaltigem Erfolg (ISO 9004:2009)	Beispiele für Kennzahlen
7.1 Planung der Produktrealisierung*				
• Qualitätsziele • Prozesse • Ressourcen • Verifizierung • Validierung • Nachweisdokumentation	Planung und Entwicklung der Produktrealisierungsprozesse unter Berücksichtigung von • Qualitätszielen und Produktanforderungen • produktspezifischem Bedarf an einzuführenden Prozessen, Dokumenten und Ressourcen • produktspezifischen Verifizierungs-, Validierungs-, Überwachungs-, Mess-, Prüfungs- und Erprobungstätigkeiten sowie Annahmekriterien • entsprechender Nachweisdokumentation zur Erfüllung der Produktanforderungen mit dem Ziel, die Eingaben und die Ausgaben der Prozesse und deren Wechselwirkung zu erkennen und daraus einen wirksamen Betrieb der Organisation sicherzustellen	• Projektstrategiekonzepte • Lastenhefte • Qualitätspläne • Projektentwicklungspläne • Meilensteinpläne • Machbarkeitsnachweise • Mess- und Prüfkonzepte • Logistikkonzepte • Protokolle über Risikobeurteilungen und Prozessbewertungen (technisch, ökonomisch) • FMEA • Prozessfreigabekriterien	Anmerkung: Die ISO 9004:2009 befasst sich grundsätzlich nicht mit den Anforderungen an einzelne Prozesse zur Produktrealisierung, sondern gibt im Kapitel **7.2 „Prozessplanung und -lenkung"** allgemeine Empfehlungen, was bei der Planung und Lenkung der Prozesse – über die Anforderungen der ISO 9001:2008 hinaus – berücksichtigt werden sollte: • Analysen des Umfeldes der Organisation • lang- und kurzfristige Prognosen zur Marktentwicklung • mögliche finanzielle und sonstige Risiken • Bedarf an neuen Technologien, neuen Produkten oder neuen Produktmerkmalen	• Anzahl der Prozesse • Prozessdurchlaufzeit • Prozessfähigkeitsindex • Kundenzufriedenheitsindex • Reklamationsrate • Kundenbindungsrate • Kennzahlen für Prozessressourcen • Energieeinsparungskennzahlen (z. B. Reduzierung von Verbrauchskennzahlen) • weitere Kennzahlen sind in den folgenden Kapiteln aufgeführt

* Die Norm fordert für die Erfüllung dieser Anforderung „objektive Nachweise" (Aufzeichnungen).

Die ISO 9001:2008 – Interpretation der Anforderungen

Normanforderung ISO 9001:2008	Interpretation/ Aktivitäten	Dokumentationsbeispiele/ Nachweise	Hilfen zu nachhaltigem Erfolg (ISO 9004:2009)	Beispiele für Kennzahlen
7.2 Kundenbezogene Prozesse				
7.2.1 Ermittlung der Anforderungen in Bezug auf das Produkt				
• Kundenanforderungen • gesetzliche und behördliche, produktbezogene Anforderungen • interne als notwendig erachtete Anforderungen	Ermittlung der • Produktanforderungen des Kunden, einschl. Lieferung und Unterstützung nach der Lieferung • vom Kunden nicht angegebenen Anforderungen, die für den Gebrauch notwendig sind, wie z. B. Instandhaltung • behördlichen und gesetzlichen produktbezogenen Anforderungen, wie Gewährleistungsbestimmungen, Wiederverwertung und Entsorgung • sowie aller weiteren internen Anforderungen der Organisation mit dem Ziel, das Verständnis der Anforderungen des Kunden und der interessierten Parteien an den Prozess vor der Produktrealisierung zu besitzen	• Kundenanfragen • Lastenheft • Zeichnungen • Auftrag • Aufzeichnungen über Rücksprachen mit dem Kunden • Trendanalysen • Wettbewerbsanalysen • Recherchen bezüglich Normen und gesetzlicher Anforderungen	Umfeld der Organisation ständig überwachen und analysieren, in Bezug auf • die Wettbewerbsituation • neue Technologien • politische Veränderungen • wirtschaftliche Vorhersagen • soziologische Faktoren (4.3 und 5.2)	• Produktkennzahlen (z. B.: Preis, Leistung, Lebensdauer, technische Merkmale, Lieferservicefähigkeit) • Kennzahlenvorgaben aus gesetzlichen und behördlichen Anforderungen
7.2.2 Bewertung der Anforderungen in Bezug auf das Produkt*				

• Produktanforderungen
• Vertragsprüfung
• Kundenkonformität
• Machbarkeit
• Änderungen
• Dokumentation
	Bewertung der Produktanforderungen vor der Lieferzusage an den Kunden, um sicherzustellen, dass
	• die Festlegung der Produktanforderungen definiert wird,
	• Widersprüche ausgeräumt werden,
	• die Vertragsprüfung durchgeführt wird,
	• die Machbarkeit hinsichtlich
	  – technischer
	  – kaufmännischer
	  – qualitativer
	  Merkmale geprüft wird,
	• Änderungen dokumentiert, verstanden und kommuniziert werden,
	• nichtdokumentierte Anforderungen des Kunden bestätigt werden
	Ziel ist es, die Kundenbindung zu erhöhen
		• Angebote, Verträge
		• Nachweise über Vertragsprüfungen
		• Änderungsdokumentation
		• Protokolle über Machbarkeitsanalysen
		• Machbarkeitsstudien
		• Auftragsbestätigungen
		• Pflichtenheft
		• Kalkulationen
		• Preislisten
		• Lieferzeiten
				• Prüfaufwandskennzahlen (z. B. Prüfdauer, Prüfhäufigkeit, Prüfumfang)
				• Produktionskosten
				• Produktionsdauer
				• Dauer der Machbarkeitsprüfung

* Die Norm fordert für die Erfüllung dieser Anforderung „objektive Nachweise" (Aufzeichnungen).

Die ISO 9001:2008 – Interpretation der Anforderungen

Normanforderung ISO 9001:2008	Interpretation/ Aktivitäten	Dokumentationsbeispiele/ Nachweise	Hilfen zu nachhaltigem Erfolg (ISO 9004:2009)	Beispiele für Kennzahlen
7.2.3 Kommunikation mit dem Kunden				
• Produktinformation • Verträge • Rückmeldungen • Kundenreaktion	Regelungen zur Kommunikation mit dem Kunden hinsichtlich der • Informationen über das Produkt • Anfragen, Verträge oder Auftragsbearbeitung, einschl. Änderungen • Kundenreaktion, einschl. Kundenbeschwerden festlegen; Ziel ist es, zeitnah auf die Kundenanforderungen zu reagieren bzw. zu agieren	• Prozess-/Verfahrensbeschreibung • Arbeitsanweisungen • Projekte • Produktbeschreibungen des Kunden • Anfragedokumente • Verträge • Auftragsbestätigung • Werbematerial • Kundenbefragungen und Besuchsberichte • Kundenzufriedenheitsanalysen • Beschwerden, Reklamationen • Reklamationsanalysen • Änderungswünsche des Kunden	Kommunikation mit den Kunden bzgl. • Strategie und • Politik der Organisation in geeigneter Form (5.4)	• Anzahl der Rückfragen an den Kunden zur Klärung der Produktanforderungen • Reaktionszeit auf Mängel, Beschwerden und Reklamationen • Kundenzufriedenheitsindex
7.3 Entwicklung				
7.3.1 Entwicklungsplanung				
• Entwicklungsphasen • Verifizierung • Validierung • Verantwortlichkeiten • Befugnisse • Schnittstellenregelungen • Entwicklungsstatus	Planung und Lenkung der Entwicklung, dabei müssen folgende Aspekte festgelegt werden: • Phasen des Entwicklungsprozesses • Bewertungs-, Verifizierungs- und Validierungsprozess • Verantwortlichkeiten und Befugnisse • Aktualisierung der Pläne • Regelung der Kommunikation und der Schnittstellen zwischen den beteiligten Gruppen mit dem Ziel, alle Faktoren in Betracht zu ziehen, die zur Erreichung der erwarteten Produkt- und Prozessleistung beitragen	• Projektpläne • Entwicklungspläne/ Ablaufdiagramme • Meilensteinpläne • Mess- und Prüfpläne • Verifizierungs- und Validierungsvorgaben • Freigabebestimmungen • Verantwortlichkeitsmatrix • Risikoabschätzung	• Innovationsprozess einführen, um Innovationen zu planen und Prioritäten zu setzen (9.3.1) • Ressourcen zur Verfügung stellen (9.3.1) • Innovationen können sich beziehen auf – Technologie oder Produkt, – Prozesse, – Organisation, – Managementsystem der Organisation (9.3.2) • Innovationsprozesse können beeinflusst werden durch – Dringlichkeit des Bedarfs – Ziele der Innovation und ihre Auswirkungen – Selbstverpflichtung der Organisation in Bezug auf Innovationen – Bereitschaft der Mitarbeiter zu Veränderungen – Vorhandensein oder Aufkommen neuer Technologien (9.3.4) • Mit den Innovationen verbundene Risiken bewerten und verringern (9.3.5)	• Anzahl der Entwicklungsplanungen pro Zeitperiode • Erfüllungsgrad der Kundenanforderungen • Erfüllungsgrad der Kundenerwartungen • Prozentsatz der möglichen umweltgerechten Entsorgung nach der Nutzung • Anzahl der vorhandenen Patente • Lebensdauerkennzahlen • Entwicklungszeiten • Entsorgungskosten

Die ISO 9001:2008 – Interpretation der Anforderungen

Normanforderung ISO 9001:2008	Interpretation/ Aktivitäten	Dokumentationsbeispiele/ Nachweise	Hilfen zu nachhaltigem Erfolg (ISO 9004:2009)	Beispiele für Kennzahlen
7.3.2 Entwicklungseingaben*				
• Funktionsanforderungen • Leistungsanforderungen • gesetzliche und behördliche Anforderungen • Entwicklungserfahrungen • Angemessenheit	Festlegung und Aufzeichnung der auf die Produktforderungen bezogenen Eingaben; sie müssen Folgendes beinhalten: • Funktions- und Leistungsanforderungen • zutreffende behördliche und gesetzliche Anforderungen • frühere Entwicklungsergebnisse ähnlicher Produkte • weitere Forderungen (Preis, Lebensdauer, Recyclingmöglichkeiten) • Angemessenheit und Widerspruchsfreiheit der Vorgaben mit dem Ziel, die Eingaben so zu definieren, dass sie wirksam verifiziert und validiert werden können	• Lastenheft/Aufgabenstellung • Pflichtenheft • gesetzliche und/ oder behördliche Ausführungsrichtlinien • Ergebnisberichte aus vorherigen Entwicklungen gleicher Art • Auswertung von Kundenbedarfsanalysen • Patentrecherche • Freigabedokumente • Reklamationsauswertungen • Garantieauswertungen • FMEAs		• Erfüllungsgrad der Erfordernisse und Erwartungen in % • Zahl der zu bearbeitenden Projekte • Anzahl der gesetzlichen und/oder behördlichen Anforderungen • Recycling-Rate • Index für Reparaturfreundlichkeit • Lagerhaltungskosten • Prüfkostenindex • Ausbildungs-, Weiterbildungskosten für die Entwickler • Entwicklungskosten • Materialaufwendungsindex • Kostenindex für eventuelle Kooperationspartner
7.3.3 Entwicklungsergebnisse				
• Entwicklungsvorgaben • Annahmekriterien • Herstellbarkeit • Gebrauchstauglichkeit • Entwicklungsgenehmigung • Informationsmanagement	Aufzeichnung der Entwicklungsergebnisse müssen bereitgestellt werden; sie müssen • eine Form haben, die für die Verifizierung geeignet ist • die Entwicklungsvorgaben erfüllen • die Informationen zur Beschaffung und Produkt-/Dienstleistungserbringung liefern • auf Annahmekriterien für das Produkt verweisen • Festlegung der Produktmerkmale für einen sicheren und bestimmungsgemäßen Gebrauch darlegen mit dem Ziel, einen objektiven Nachweis der Erfüllung der Prozess- und Produktanforderungen zu liefern	• Zeichnungen • FE-Berechnungen • QM-Pläne • Abnahmebescheinigungen • Bestellvorgabedokumente • Risikoanalysen (z. B. FMEA) • Prüfaufzeichnungen (für Produktion, Verifizierung und Validierung) • Freigabedokumente • Muster, Tests		• Risikokennzahlen • Entwicklungsdauer • Entsorgungsindex • Aufwandskosten für Nachbesserungen • Kostenüberschreitungsfaktor • Lebensdauerindex • Wartungs- und Instandhaltungsdaten (zur Identifizierung von Schwachstellen)

* Die Norm fordert für die Erfüllung dieser Anforderung „objektive Nachweise" (Aufzeichnungen).

Die ISO 9001:2008 – Interpretation der Anforderungen

Normanforderung ISO 9001:2008	Interpretation/ Aktivitäten	Dokumentationsbeispiele/ Nachweise	Hilfen zu nachhaltigem Erfolg (ISO 9004:2009)	Beispiele für Kennzahlen
7.3.4 Entwicklungsbewertung*				

• Erfüllungsgrad
• Problemerkennung
• Folgemaßnahmen
• Dokumentation
	Bewertung und Dokumentation der einzelnen Entwicklungsphasen, um die
	• Fähigkeit zur Erfüllung der Forderungen zu beurteilen
	• Probleme zu erkennen und Folgemaßnahmen festzulegen
	mit dem Ziel, die Erfordernisse und Erwartungen des Kunden und der ausführenden Bereiche der Organisation, die die Produktrealisierung durchführen sollen, zu erfüllen
		• Entwicklungs-/ Zwischenberichte/ Abschlussberichte
		• Entsprechende Prüfprotokolle, z. B. des Labor- oder Feldversuches
		• Besprechungsprotokolle
		• Meilenstein- und Phasenreviews
		• FMEA
		• Modelle und Simulationen
		• Freigabedokumente
				• Anzahl der erforderlichen Prüfungen
				• Erfüllungsgrad der Entwicklungsvorgaben
				• Erfüllungsgrad der Prozessanforderungen
				• Zahl der Folgemaßnahmen
				• Entsorgungskosten
				• Entwicklungsdauer
				• Erfüllungsindex von gesetzlichen und behördlichen Forderungen:
				  – Umwelt
				  – Arbeitssicherheit
				  – Gesundheit
				  – Produkthaftung etc.

7.3.5 Entwicklungsverifizierung*				
• Erfüllungsgrad • Folgemaßnahmen • Dokumentation	Verifizierung und Dokumentation der gesamten Entwicklungsergebnisse, um sicherzustellen, dass die • Entwicklungseingaben erfüllt und • Folgemaßnahmen festgelegt werden Ziel ist es, einen wirksamen Vergleich zwischen den Eingabeanforderungen und den Prozessergebnissen zu gewährleisten	• Prüfpläne (Verifizierungsvorgaben) • Prototyp/Prüfmuster • Prüfprotokolle/-berichte • Berichte über alternative Berechnungen/ Analysen • Test-/Simulationsberichte • Versuchsberichte • Beschreibung der Folgemaßnahmen • Freigabedokumente		• Aufwand der Prüfzeit • Höhe der Prüfkosten • Erfüllungsgrad vorgegebener Merkmale • Aufwand für Folgemaßnahmen
7.3.6 Entwicklungsvalidierung*				
• Gebrauchstauglichkeit • Folgemaßnahmen • Dokumentation • Regelung	Die Durchführung und Dokumentation der Entwicklungsvalidierung müssen gemäß geplanten Regelungen sichergestellt werden. Dies beinhaltet • die Prüfung der Gebrauchstauglichkeit • die Validierung vor Produktauslieferung bzw. nach Probelauf Ziel ist es, den Nachweis zu erbringen, dass die Forderungen für den beabsichtigten Gebrauch unter Einsatzbedingungen erfüllt werden	• Prüfpläne (Validierungsvorgaben) • Laborprüfungen • Umweltsimulationen • Null-Serien-/Feldtestergebnisse • Prüfprotokolle/-berichte (evtl. auch von Kunden) • Lebensdauerprüfergebnisse • Feldtests • Bewertungsergebnisse anderer Stellen (Kunde) • Validierungsfreigaben		• Gebrauchstauglichkeitsindex, z. B.: Lebensdauerkennzahlen, Ausfallraten, Verfügbarkeitsindex, mittlere Zeit zwischen den Ausfällen • Kundenzufriedenheitsindex • Wartungsintervalle • Verständlichkeit der Bedienenanleitung • Validierungsaufwand

* Die Norm fordert für die Erfüllung dieser Anforderung „objektive Nachweise" (Aufzeichnungen).

Die ISO 9001:2008 – Interpretation der Anforderungen

Normanforderung ISO 9001:2008	Interpretation/ Aktivitäten	Dokumentationsbeispiele/ Nachweise	Hilfen zu nachhaltigem Erfolg (ISO 9004:2009)	Beispiele für Kennzahlen
7.3.7 Lenkung von Entwicklungsänderungen*				
• Dokumentation • Kennzeichnung • Bewertung • Verifizierung • Validierung • Freigabe	Änderungen müssen identifiziert werden; dabei sind folgende Aspekte zu berücksichtigen: • Kennzeichnung und Dokumentation der Änderung • Bewertung, Verifizierung, Validierung, Freigabe vor Verwirklichung • Bewertung der Entwicklungsänderungen und der Folgemaßnahmen hinsichtlich der Auswirkung auf das Produkt und bereits gelieferter Produkte • Dokumentation der Ergebnisse der Bewertung. Ziel ist es, dass alle Änderungen in den Entwicklungsphasen und die vereinbarte Produktqualität gesichert werden und eine lückenlose Nachvollziehbarkeit gewährleistet ist.	• Schriftliche Änderungswünsche (z. B. des Kunden, der Produktion) • Neue Revisionsstände von – Lastenheft, – Zeichnungen, – Prozessbeschreibungen, – Prüfverfahren, – Prüfmitteln etc. • Kommentare/Prüfberichte zu Änderungen • Freigabedokumente zu durchgeführten Änderungen • Mitteilungen an Kunden und Abteilungen über Änderungen • Zurückgezogene Dokumente • Änderungshistorie		• Anzahl der Entwicklungsänderungen • Erneuter Verifizierungs- und Validierungsaufwand • Kostenindex für Entwicklungsänderungen • Einsparungsindex

* Die Norm fordert für die Erfüllung dieser Anforderung „objektive Nachweise" (Aufzeichnungen).

Die ISO 9001:2008 – Interpretation der Anforderungen

Normanforderung ISO 9001:2008	Interpretation/ Aktivitäten	Dokumentationsbeispiele/ Nachweise	Hilfen zu nachhaltigem Erfolg (ISO 9004:2009)	Beispiele für Kennzahlen
7.4 Beschaffung				
7.4.1 Beschaffungsprozess*				
• Bedarfsermittlung • Lieferanforderungen • Lieferantenauswahl • Lieferkontrolle • Lieferantenbewertung	Festlegung und Verwirklichung von effizienten Beschaffungsprozessen unter Berücksichtigung der • Spezifikation beschaffter Produkte • Beschaffungskosten • Verifizierung beschaffter Produkte • einmaligen Lieferantenprozesse • Vertragsbedingungen • Rückverfolgbarkeit • Logistik • Dokumentation • Bewertung des Lieferanten (Kriterienfestlegung) mit dem Ziel, die Qualitätsanforderungen des Kunden zu befriedigen	• Produktspezifikationen • QM-Dokumentation des Lieferanten • Checkliste • Nachweise über die Lieferantenbewertung • Liste/Datenbank freigegebener Lieferanten • Bewertungskriterien • Reklamationen • ppm-Statistiken • Qualitätsvereinbarungen • Lastenhefte	• Lieferanten als Partner betrachten, ebenso wie – Dienstleister – Technologie- und Finanzinstitutionen – staatliche und nichtstaatliche Organisationen – sonstige interessierte Parteien (6.4.1) • Partnerschaften entwickeln unter Berücksichtigung der – Bereitstellung von Informationen – Unterstützung durch Versorgung mit Ressourcen, z. B. Wissen, Erfahrungen, Technologie, Prozesse, Schulungen – Teile von Gewinnen und Verlusten (6.4.1) • Auswahl und Evaluierung von Lieferanten und Partnern unter Berücksichtigung – ihrer Fähigkeit, für die Organisation Werte zu schaffen, – ihres Potenzials, kontinuierlich die eigene Leistungsfähigkeit und die der Organisation zu verbessern, – der mit der Partnerschaft verbundenen Risiken (6.4.2)	• Anzahl der Toplieferanten • Reklamationsquote je Lieferant • ppm-Statistik je Lieferant • Anteil der Kanban-Lieferanten • durchschnittlicher Termintreueindex • Nacharbeitsaufwand bei Ersatzlieferungen • Beschaffungskostenindex • Anzahl der Lieferungen mit QSV • Kosten der Lieferantenbewertung • Anteil fehlerhafter Produkte • Reaktionsgeschwindigkeit bei Reklamationen • Häufigkeit von Fehl- und Falschlieferungen • Anzahl von Lieferanten pro Produkt
7.4.2 Beschaffungsangaben				
• Produktbeschreibung • Genehmigungsanforderungen • Angemessenheitsprüfung • Herstellungsprozessanforderungen	Sicherstellung der benötigten Lieferqualität durch Festlegung und Genehmigung z. B. von • Produktspezifikation • Produktionsspezifikation • Personalqualifikation • Anforderungen an das QM-System des Lieferanten • Prüftätigkeiten mit dem Ziel, eindeutige und messbare Qualitätskriterien für den Lieferanten festzulegen, die vor der Mitteilung an den Kunden sichergestellt sein müssen	• Produktspezifikationen • Bestellformulare • Bestelltexte • Bestelllisten, Stücklisten • Leistungs-/Lieferverträge • Qualitätssicherungsvereinbarungen • Bestellfreigabedokumente		• Anteil von fehlerhaften bzw. nicht vollständigen Bedarfsanforderungen • Anteil von fehlerhaften bzw. nicht vollständigen Bestellungen • Anteil von Kurierlieferungen

* Die Norm fordert für die Erfüllung dieser Anforderung „objektive Nachweise" (Aufzeichnungen).

Die ISO 9001:2008 – Interpretation der Anforderungen

Normanforderung ISO 9001:2008	Interpretation/ Aktivitäten	Dokumentationsbeispiele/ Nachweise	Hilfen zu nachhaltigem Erfolg (ISO 9004:2009)	Beispiele für Kennzahlen
7.4.3 Verifizierung von beschafften Produkten				
• Prüfmethoden • Prüfkriterien • Abnahmebedingungen	Festlegung und Verwirklichung der Prüfungen für das beschaffte Produkt mit dem Ziel, die Einhaltung der festgelegten Beschaffungsanforderungen sicherzustellen	• Annahmekriterien • Verifizierungspläne • Prüfvorschriften • Regelungen zu Sonderfreigaben • Prüfprotokolle der Lieferanten bzw. der eigenen Eingangsprüfung • Zertifikate • Wareneingangsprüfung		• Anzahl der Artikel, die mit Zertifikat geliefert werden sollen • Anzahl der spezifikationsgerechten Lieferungen • Prüfaufwand/Kosten im Wareneingang • Termintreue der Wareneingänge
7.5 Produktion und Dienstleistungserbringung				
7.5.1 Lenkung der Produktion und Dienstleistungserbringung				
• Planung • Produktmerkmale • Arbeitsanweisungen • Ausrüstungen • Prüfmittelverfügbarkeit • Überwachungstätigkeiten/Messung • Produktfreigaben • Lieferungen • Folgetätigkeiten	Lenkung und Planung der Produktion und Dienstleistungserbringung unter Berücksichtigung von • Produktmerkmalen • Lenkung erforderlicher Arbeitsanweisungen • Anwendung geeigneter Ausrüstungen • Bereitstellung der Prüf- und Messmittel • Überwachungen und Messungen • Freigabe und Lieferung der Produkte/Dienstleistungen • Vereinbarungen über Wartungs- und Servicemaßnahmen Ziel ist es, die Wirksamkeit der Realisierungsprozesse unter beherrschten Bedingungen zu sichern	• Annahmekriterien • Arbeitsanweisungen • Prüfpläne • Zeichnungen • Instandhaltungspläne • Installationspläne • Serviceverträge • Betriebsanweisungen/ Bedienungsanleitung • Prozessablaufpläne • Produktionsplan	Siehe Anmerkungen zu Kap. 7 Produktrealisierung	• Prozessleistungsindex • Prozessqualitätsindex • Durchlaufzeiten (z. B. Anteile für Rüstzeit, Herstellungszeit, Liegezeit, Kontrollzeit, Transportzeit) • Maschinenflexibilitätsgrad • Reservekapazitätsquote • Ausrüstungsgrad der Maschinen • Werkzeugausnutzungsgrad • Anteil optimaler Losgrößen • Durchlaufzeit der Aufträge

Die ISO 9001:2008 – Interpretation der Anforderungen

Normanforderung ISO 9001:2008	Interpretation/ Aktivitäten	Dokumentationsbeispiele/ Nachweise	Hilfen zu nachhaltigem Erfolg (ISO 9004:2009)	Beispiele für Kennzahlen
7.5.2 Validierung der Prozesse zur Produktion und zur Dienstleistungserbringung*				
• Bewertungskriterien • Prozessgenehmigung • Personalqualifikation • Ausrüstungsfreigabe • Methoden/Verfahren • Aufzeichnungen • Revalidierung	Festlegung von Verfahren zur Prozessfähigkeit (-validierung) unter Berücksichtigung von • Kriterien für die Bewertung und Genehmigung • Genehmigung der Ausrüstung und Qualifikation des Personals • festgelegten Methoden und Vorgehensweisen • Forderungen zu Q-Aufzeichnungen • eventueller Notwendigkeit erneuter Validierung Es sind sämtliche Verfahren der Produktion zu validieren, deren Ergebnis nicht durch nachfolgende Überwachung und Messung verifiziert werden kann. Dies trifft für alle Verfahren zu, bei denen sich Mängel erst nach der Lieferung zeigen	• Maschinen- und Prozessfähigkeitsnachweise • Prozessbeschreibungen • Prozessüberwachungsdaten • Eignungs- und Schulungsnachweise • Qualifikationsnachweise • Validierungsvorgaben		• Anzahl erledigter Aufträge • Ausschussquote • Maschinenausfallzeiten • Qualifizierungsgrad der Prozesse • Anteil spezieller Prozesse • Energiekostenquote • Prozesssteuerungsaufwand
7.5.3 Kennzeichnung und Rückverfolgbarkeit*				
• Produktkennzeichnung • Produktstatus • Rückverfolgbarkeit	Festlegung von Verfahren für die • eindeutige Kennzeichnung des Produktes während der gesamten Produktrealisierung (soweit angemessen) • Erkennung des jeweiligen Produktstatus • Lenkung und Aufzeichnung, wenn Rückverfolgbarkeit gefordert ist Ziel ist es, einen Prozess zur Kennzeichnung und Rückverfolgbarkeit einzuführen und aufrechtzuerhalten, um Daten für die Verbesserung zu ermitteln	• Arbeitsanweisungen • Begleitpapiere, z. B. Laufzettel • Fertigungspläne • EDV-Aufzeichnungen • Produktkennzeichnungen • Prüfnachweise • Sperrzettel • Freigaben		• Kennzeichnungsaufwand • Aufwand zur Vorbereitung von Rückrufaktionen

* Die Norm fordert für die Erfüllung dieser Anforderung „objektive Nachweise" (Aufzeichnungen).

Die ISO 9001:2008 – Interpretation der Anforderungen

Normanforderung ISO 9001:2008	Interpretation/ Aktivitäten	Dokumentationsbeispiele/ Nachweise	Hilfen zu nachhaltigem Erfolg (ISO 9004:2009)	Beispiele für Kennzahlen
7.5.4 Eigentum des Kunden*				
• Sorgfaltspflicht • Kennzeichnung • Informationspflicht • Aufzeichnungen	Festlegung von Verfahren für • sorgfältigen Umgang (auch mit geistigem Eigentum und personenbezogenen Daten) • Kennzeichnung, Verifizierung, Schutz und Instandhaltung • den Umgang bei Beschädigung oder Verlust, Aufzeichnungen (Information des Kunden) Ziel ist es, Verantwortungen hinsichtlich des Eigentums und anderer Vermögenswerte der Kunden und anderer interessierter Parteien festzulegen, um den Wert des Eigentums zu schützen	• Bestandsliste über Kundeneigentum • Kennzeichnung (Etiketten, Gravur, Inventarisierung etc.) • Korrespondenz mit den Kunden • Protokolle über Verifizierung und durchgeführte Instandhaltung • Eingangsprüfungen		• Forderungsaufwand wegen Qualitätsminderung des Kundeneigentums • Lagerbestandskostenanteil für das Kundeneigentum • Aufwand zur Qualitätserhaltung des Kundeneigentums
7.5.5 Produkterhaltung				
• Produkterhaltung • Kennzeichnung • Handhabung • Verpackung • Lagerung • Schutz	Festlegung von Verfahren mit dem Ziel, Schäden, Wertminderungen oder Missbrauch während der internen Verarbeitung und Endauslieferung des Produktes zu verhindern; das gilt auch für Produktbestandteile	• Verpackungs-, Lagerungs-, Konservierungs- und Versandvorschriften • Stücklisten • Lagerlisten • Lagerbelegungs- und Entnahmepläne • Vorschriften über Lagerfristen und ggf. Getrennthaltung • Versandetikettierung • Verfallsdatenüberwachung • Montage-/Bedienungsanleitungen		• Anzahl der Verfallsdatumsüberschreitungen • Verpackungs-, Lagerungs- und Konservierungsaufwand • Transportaufwandsindex

* Die Norm fordert für die Erfüllung dieser Anforderung „objektive Nachweise" (Aufzeichnungen).

Die ISO 9001:2008 – Interpretation der Anforderungen

Normanforderung ISO 9001:2008	Interpretation/ Aktivitäten	Dokumentationsbeispiele/ Nachweise	Hilfen zu nachhaltigem Erfolg (ISO 9004:2009)	Beispiele für Kennzahlen
7.6 Lenkung von Überwachungs- und Messmitteln*				
• Überwachungs- und Messmitteldefinition • Überwachungs- und Messmittelerfassung • Überwachungs- und Messmittelfähigkeit • Überwachungs- und Messmittelsoftware • Kalibrierung/ Verifizierung/ Justierung • Kalibrierzustand • Schutz • Handhabung • Kalibrierergebnisse • Korrekturmaßnahmen • Dokumentation	Festlegung und Bereitstellung von Mitteln zur Beseitigung von potenziellen Fehlern und zur Verifizierung von Prozessergebnissen. Dazu sind folgende Schritte notwendig: • erforderliche Überwachungs- und Messmittel festlegen • Überwachungs- und Messmitteleignung sicherstellen • regelmäßige Kalibrierung und/oder Verifizierung und Justierung durchführen • Überwachungs- und Messmittel identifizieren • Kalibrierstatus feststellen • Schutz und Handhabung sicherstellen • Kalibrierergebnisse dokumentieren • Korrekturmaßnahmen festlegen • Dokumentation durchführen • bei Feststellung von Kalibrierabweichungen sind frühere Messergebnisse von bereits ausgelieferten Produkten erneut zu bewerten und zu dokumentieren • für Computersoftware muss die Fähigkeit bestätigt werden, diese Bestätigung muss vor dem ersten Gebrauch und je nach Bedarf wiederholt werden; dies schließt ihre Verifizierung und, um die Eignung für den Gebrauch aufrechtzuerhalten, ihr Konfigurationsmanagement ein Ziel ist es, Vertrauen in die Daten zu schaffen, um die Zufriedenheit der Kunden und anderer interessierter Parteien sicherzustellen	• Prüfnachweise mit Annahmekriterien • Prüfmittelfähigkeitsnachweise • Liste der Prüfmittel/ Prüfmittelkartei/EDV-Programmverwaltung • Kalibrieranweisungen • Kalibrierprotokolle • Eichzertifikate • Kalibriernormale • Kalibrierzertifikate • Protokolle über Vergleichsmessungen und Ringversuche • Aufzeichnungen zu Softwareeignungstests		• Überwachungs-/ Kalibrierungskosten • Kalibrierzeiten • Soll/Ist-Bestand • Eichkosten • Dokumentationsaufwand • Archivierungszeiten und -aufwand • Aufwand für die Nachprüfung und Bewertung beim Einsatz fehlerhafter Prüfmittel

* Die Norm fordert für die Erfüllung dieser Anforderung „objektive Nachweise" (Aufzeichnungen).

Die ISO 9001:2008 – Interpretation der Anforderungen

Normkapitel 8: Messung, Analyse, Verbesserung

Normanforderung ISO 9001:2008	Interpretation/ Aktivitäten	Dokumentationsbeispiele/ Nachweise	Hilfen zu nachhaltigem Erfolg (ISO 9004:2009)	Beispiele für Kennzahlen
8.1 Allgemeines				

• Mess-/Überwachungsprozesse
  – festlegen
  – planen
  – einführen
• Konformitätsfeststellung
• Effizienzüberprüfung
• Statistische Methoden
• Kontinuierliche Verbesserung
	Sicherung der Produkt- und Systemkonformität durch Mess- und Überwachungsmaßnahmen, um die Wirksamkeit der Prozesse zu bewerten; die Ermittlung des Bedarfs und die Nutzung von geeigneten Methoden und statistischen Verfahren für die Konformitätsprüfungen und für Verbesserungen sind mit einzuschließen; Ziel ist es, die Ergebnisse in der Managementbewertung darzustellen, um Informationen zur Leistungsverbesserung zu liefern	• Entwicklungs-Ablaufdiagramme
		• Entwicklungs-Prüfpläne
		• Kennzahlensystem
		• Zielvorgaben und -aktualisierung
		• Verbesserungskonzepte
		• Statistiken
		• Erfolgsberichte
		• Vorschlagswesen
		• Infotafeln
			Die Gesamtleistung der Organisation, nicht nur die des Qualitätsmanagementsystems, regelmäßig
			• überwachen,
			• messen,
			• analysieren und
			• bewerten
			mit dem Ziel, in einem sich ständig verändernden Umfeld nachhaltigen Erfolg zu erzielen (8.1)
				• Kennzahlen aus der FMEA
				• Trendkennzahlen
				• Lebensdauerkennzahlen
				• Emissionskennzahlen
				• Entsorgungskosten
				• Stückkosten
				• Risikokennzahlen
				• Vergleichszahlen mit dem Wettbewerb
				• Ausschuss- und Nacharbeitungskosten oder -zeiten
				• Benchmarkingergebnisse
				• Gesamtkosten
				• Ausfallkosten
				• Prozesslaufzeiten
				• Planungszeiten
				• Planungskosten

8.2 Überwachung und Messung				
8.2.1 Kundenzufriedenheit				
• Kundenwahrnehmung • Datenermittlung • Prozessdefinition	Festlegung eines Verfahrens zur Kundenzufriedenheitsermittlung; die ermittelten Informationen müssen überwacht werden; dies kann die Analyse und Bewertung beinhalten; zu den Verfahren können u. a. gehören: • Durchführung von Analysen entgangener Geschäftsabschlüsse, Anerkennungen, Forderungen nach Garantieleistungen, Kundendaten in Bezug auf die Qualität des Produktes, Umfragen unter den Nutzern und Händlern • Ableitung von Maßnahmen • Festlegung von Zielvorgaben • Durchführung von Erfolgskontrollen Ziel ist es, die Messung der Kundenzufriedenheit als ein Maß für die Leistung des Qualitätsmanagementsystems zu nutzen	• Maßnahmepläne • Kundenzufriedenheitsanalysen inkl. Umfragen unter Nutzern und Händlern • Benchmarking • Checklisten • Auswertungen von Mailings und Telefonaktionen • Auswertungsprotokolle (allg.) • Protokolle über die Überprüfung von Zielvorgaben	ISO 9004:2009 macht keine speziellen Angaben zur Überwachung und Messung der Kundenzufriedenheit, sondern gibt allgemeine Empfehlungen für das • Überwachen des Umfeldes der Organisation, einschl. der Kunden, und zur Erfassung und Verwaltung der Informationen durch entsprechende Prozesse (8.2) • Messen des Fortschritts bzgl. des Erreichens der geplanten Ziele durch Anwendung eines auf Leistungskenngrößen basierten Mess- und Analyseprozesses (8.3.1) • Auswählen entscheidender Leistungskenngrößen (Key Performance Indicators – KPI) (8.3.2)	• Kundenzufriedenheitsindex • Anteil der Großkunden • Kundenbindungsrate • Reklamationsrate • Rate Garantieleistungen • Rate entgangener Geschäftsabschlüsse • Ermittlungskosten der Kundenzufriedenheit • Auswertungsaufwand • Kundenbetreuungsindex • Kundenakquisitionsquote (Neukunden)

Die ISO 9001:2008 – Interpretation der Anforderungen

Normanforderung ISO 9001:2008	Interpretation/ Aktivitäten	Dokumentationsbeispiele/ Nachweise	Hilfen zu nachhaltigem Erfolg (ISO 9004:2009)	Beispiele für Kennzahlen
8.2.2 Internes Audit*/**				
• Auditdurchführung • Berichterstattung • Wirksamkeit • Konformität • Personalqualifikation	Festlegen eines dokumentierten Verfahrens, um die Wirksamkeit des eingeführten QM-Systems festzustellen. Die internen Audits müssen in regelmäßigen Abständen durchgeführt werden. Dabei sind der Status und die Bedeutung der Bereiche sowie frühere Ergebnisse zu berücksichtigen. Im Verfahren sind folgende Punkte festzulegen: • Verantwortung für Planung und Durchführung, Erstellung von Aufzeichnungen und Ergebnisbericht • Auditumfang • Audithäufigkeit • Auditmethode • Beauftragung durch oberste Leitung • Unabhängigkeit der Auditoren • Auditdokumentation • Bestätigung der Korrekturmaßnahmen • Verifizierung der Wirksamkeit der umgesetzten Maßnahmen Aufzeichnungen über die Audits und deren Ergebnisse müssen aufrechterhalten werden. Eines der Ziele ist es, dass die oberste Leitung über die Wirksamkeit des Qualitätsmanagementsystems informiert wird, jegliche notwendigen Korrekturen und Korrekturmaßnahmen als Reaktion auf die Ergebnisse interner Audits definiert bzw. bestätigt und für deren Umsetzung sorgt, um die Wirksamkeit des QM-Systems zu sichern und zu verbessern. Die Erhöhung der Wirtschaftlichkeit, Optimierung der Prozesse, Schnittstellen und effizientere Nutzung der Ressourcen sind weitere Ziele	• Auditpläne • Auditberichte • Abweichungsberichte • Maßnahmepläne zur Einführung von Korrekturmaßnahmen • Testprotokolle usw. • Managementreviews • Berichte über die Wirksamkeit der Korrektur- und Vorbeugungsmaßnahmen	• Interne Audits als wirksames Werkzeug zur Ermittlung von Problemen, Risiken und Abweichungen sowie für das Überwachen des Fortschritts bei der Beseitigung von Abweichungen einsetzen (8.3.3) • Ergebnisse von internen Audits nutzen für – das Behandeln von Problemen und Fehlern – das Benchmarking – das Fördern bewährter Vorgehensweisen – das wachsende Verständnis der Wechselbeziehungen zwischen Prozessen (8.3.3) • Parallel zu den internen Audits sollte die oberste Leitung Selbstbewertungen durchführen, um Benchmarking zu ermöglichen	• Auditkosten • Kostenanteil der Audits • Kosteneinsparungsindizes • Kosten/Nutzenindex • Dokumentationsaufwand • Auditzeiten • Qualifikationsaufwand für die Auditoren • Erfüllungsgrad von Forderungen • Aufwand für Korrekturen

* Die Norm fordert für die Erfüllung dieser Anforderung „objektive Nachweise" (Aufzeichnungen).
** Auch das entsprechende Verfahren muss dokumentiert sein.

© TÜV Media GmbH

Die ISO 9001:2008 – Interpretation der Anforderungen

Normanforderung ISO 9001:2008	Interpretation/ Aktivitäten	Dokumentationsbeispiele/ Nachweise	Hilfen zu nachhaltigem Erfolg (ISO 9004:2009)	Beispiele für Kennzahlen
8.2.3 Überwachung und Messung von Prozessen				
• Methoden • Korrekturmaßnahmen	Festlegung und Durchführung von Überwachungs- und Messverfahren. Bei der Festlegung geeigneter Verfahren wird empfohlen, die Art und das Ausmaß der Überwachungen und/oder Messungen zu berücksichtigen, die für jeden Prozess in Bezug auf dessen Einfluss auf die Erfüllung von Produktionsanforderungen und die Wirksamkeit des Qualitätsmanagementsystems angemessen sind. Ziel ist es, die Messungen der Prozessleistungen, die Erfordernisse und Erwartungen der Kunden und interessierten Parteien abzudecken	• Unternehmenskennzahlen • Prozesskennzahlen • Controlling- und Finanzdaten • statistische Auswertungen • Q-Aufzeichnungen • Q-Regelkarten • Arbeitsanweisungen • Protokolle von Risikoanalysen (FMEA) • Wartungs- und Instandhaltungspläne und Realisierungsmaßnahmen • Prüfpläne und Prüfprotokolle	• Entscheidende Leistungskenngrößen (Key Performance Indicators – KPI) zur Überwachung und Verbesserung der Prozesseffizienz und -wirksamkeit auswählen und auf allen Funktionen und Ebenen der Organisation einsetzen • KPIs sollten der Art und Größe der Organisation angemessen sein • Chancen und Risiken berücksichtigen (alle 8.3.2)	• statistische Kennzahlen, z. B. Cpk • Produktionskostenindizes • Ausschuss-, Nacharbeits- und Garantiekosten • Durchlaufzeiten • Ausbeute • Energieaufwendungen • Instandhaltungskostenanteile • Ausfallrate von Maschinen
8.2.4 Überwachung und Messung des Produkts*				
• Annahmekriterien • Überwachung • Messung • Produktverifizierung • Aufzeichnungen	Festlegung von Verfahren zur Durchführung von Prüfungen in geeigneten Phasen des Realisierungsprozesses. Das Verfahren muss u. a. beinhalten: • Nachweis der Konformität mit den Annahmekriterien und deren Aufrechterhaltung • Dokumentation der Freigabe des Produkts zur Lieferung an den Kunden und deren zuständige Stelle • Produktfreigaben nach zufriedenstellender Vollendung aller Messungen, sofern nicht anderweitig vom Kunden genehmigt • Ermittlung von Fehlerfolgen, auch für in Gebrauch befindliche Produkte, und Festlegung notwendiger Korrekturmaßnahmen • Festlegungen zu Sonderfreigaben • Festlegungen zu Aufzeichnungen Ziel ist es, durch Prozessüberwachung und die Produktmessungen Möglichkeiten zur Leistungsverbesserung aufzuzeigen	• Prüfpläne • Prüfanweisungen • Prüf-/Testprotokolle • Stichprobenpläne (attributive und variable) • Checklisten • Vergleichsmuster • Q-Aufzeichnungen • Sonderfreigaben durch den Kunden oder eine Behörde (falls zutreffend)	• Entscheidende Leistungskenngrößen (Key Performance Indicators – KPI) zur Überwachung und Verbesserung der Produktqualität auswählen und auf allen Funktionen und Ebenen der Organisation einsetzen • KPIs sollten der Art und Größe der Organisation angemessen sein • Chancen und Risiken berücksichtigen (alle 8.3.2)	• Prüfungsaufwand • Fehlerrate • Ausschussquote • Nachbesserungsaufwand • Prüfzeiten • Reklamationsquote

* Die Norm fordert für die Erfüllung dieser Anforderung „objektive Nachweise" (Aufzeichnungen).

Die ISO 9001:2008 – Interpretation der Anforderungen

Normanforderung ISO 9001:2008	Interpretation/ Aktivitäten	Dokumentations- beispiele/ Nachweise	Hilfen zu nachhal- tigem Erfolg (ISO 9004:2009)	Beispiele für Kennzahlen
ISO 9004:2009, Kapitel 8.3.4: Selbstbewertung				
Anmerkung: In der ISO 9001:2008 gibt es keine Entspre- chung zu diesem Punkt			Die Selbstbewertung ist eine systematische Bewertung der Tätig- keiten der Organisation und ihrer Leistung durch Mitglieder der Organisa- tion selbst. Im Anhang A der ISO 9004:2009 ist ein umfassendes Werkzeug zur Selbstbewertung beschrieben, das eine Be- wertung der Organisation sowohl im Ganzen – über Schlüsselelemente – als auch auf Ebene einzelner Prozesse – über Einzel- elemente – erlaubt. Ergebnisse von Selbstbewertungen unterstützen • die ständige Verbesse- rung der Gesamtleis- tung der Organisation • den Fortschritt bzgl. der Erzielung nachhal- tigen Erfolgs • Innovationen in allen Bereichen der Organi- sation • das Ermitteln optima- ler Vorgehensweisen • das Ermitteln weiterer Verbesserungspoten- ziale	
ISO 9004:2009, Kapitel 8.3.5: Benchmarking				
Anmerkung: In der ISO 9001:2008 gibt es keine Entspre- chung zu diesem Punkt			Einsatz von Bench- marking (BM) zur Ermittlung optimaler Vorgehensweisen inner- halb und außerhalb der Organisation mit Hilfe von Regeln wie z. B. • Definition des Anwen- dungsbereiches von BM • Erstellen eines Prozes- ses für die Auswahl von BM-Partnern • Bestimmung der Kenngrößen für die zu vergleichenden Merk- male • Sammlung und Analy- se der Daten • Ermittlung von Leis- tungsmängeln und Aufzeigen von Verbes- serungspotenzialen • Einführung von Ver- besserungsplänen	

Die ISO 9001:2008 – Interpretation der Anforderungen

Normanforderung ISO 9001:2008	Interpretation/ Aktivitäten	Dokumentationsbeispiele/ Nachweise	Hilfen zu nachhaltigem Erfolg (ISO 9004:2009)	Beispiele für Kennzahlen
8.3 Lenkung fehlerhafter Produkte*/**				
• Lenkungsmaßnahmen • Verantwortlichkeiten • Befugnisse • Maßnahmen • Freigabe • Inverkehrbringung • Dokumentation	Festlegung eines Verfahrens zur Regelung für den Umgang mit fehlerhaften Produkten inkl. • Fehlererfassung • Verantwortlichkeiten und Befugnissen • Fehlerbewertung • Kennzeichnung, zur Verhinderung des/der unbeabsichtigten Gebrauchs/Auslieferung • Nachbesserung • Sonderfreigaben • erneuter Verifizierung zur Konformitätsprüfung nach der Nachbesserung • Verfahrensabwicklung bei Feststellung des Fehlers nach der Auslieferung • Dokumentation der Fehlerart und der Folgemaßnahmen und deren Aufrechterhaltung mit dem Ziel, eine Fehlerbewertung durchzuführen, um eventuelle Fehlertendenzen zu erkennen	• VA/Prozessbeschreibung Lenkung fehlerhafter Produkte • Fehlerprotokolle • Prüfvorschriften • Prüfnachweise • Kundeninformationen • evtl. zusätzliche Prüfpläne • Genehmigungsprotokolle • Gutachten • Sonderfreigaben • Kennzeichnungsvorgaben • Nacharbeitspläne		• Anzahl Fehler nach Fehlerarten • Anzahl Fehler in den Bereichen/Abteilungen/Gruppe • Fehlerkosten • Status der Korrektur- und Vorbeugungsmaßnahmen • Kosten der Korrektur- und Vorbeugungsmaßnahmen
8.4 Datenanalyse				

• Datenerfassung
• Datenanalyse
• Datenbewertung
• Verbesserungspotenzial
	Ermittlung, Erfassung und Analyse geeigneter Daten zur Umsetzung, Wirksamkeit und ständigen Verbesserung des Qualitätsmanagementsystems (QM-System), hinsichtlich Informationen
	  • zur Kundenzufriedenheit/-unzufriedenheit
	  • zur Erfüllung der Produktanforderungen
	  • zu Prozess- und Produktmerkmalen
	  • Lieferanten
	Ziel ist es, Ursachen von vorhandenen oder potenziellen Problemen zu ermitteln, um eine Verbesserung erforderlicher Korrektur- und Vorbeugemaßnahmen zur Verbesserung des QM-Systems zu erreichen
		• Mess- und Prüfprotokolle
		• Fehleraufzeichnungen
		• Aufzeichnungen über Kundenkritiken
		• Kundenzufriedenheitsanalysen
		• Auditberichte
		• Q-Berichte
		• Aufzeichnungen über Anwendererfahrungen
		• Berichte über Soll/Ist-Vergleich
			Gesammelte Informationen analysieren, Chancen und Risiken ermitteln und Pläne zum Umgang mit diesen festlegen, mit dem Ziel, faktenorientierte Entscheidungen zu folgenden Themen zu treffen:
			• potenzielle langfristige Änderungen bei den Erfordernissen und Erwartungen der interessierten Parteien
			• bestehende Produkte und Tätigkeiten mit gegenwärtig höchstem Wert für ihre interessierten Parteien
			• neue Produkte und Prozesse, um die sich ändernden Erfordernisse und Erwartungen zu erfüllen
			• langfristige Nachfrage nach Produkten der Organisation
			• Einfluss neu aufkommender Technologien
			• neue Qualifikationen
			• Änderungen des gesetzlichen und behördlichen Umfeldes oder des Arbeitsmarktes und anderer Ressourcen
				• Reklamationsrate
				• Zahl der fehlerhaften Produkte
				• Kundenzufriedenheitsindizes
				• Auswertungskennzahlen von Prüfergebnissen
				• Wirkungsgrade von Prozessen
				• Lieferanten-Bewertungsindizes
				• Leistungsvergleichszahlen
				• statistische Kennzahlen
				• Tendenzgrade
				• Finanzielle Kennzahlen (z. B. Renditen, Beitragskennzahlen, Gewinne, Verluste etc.)
				• Vergleichszahlen mit dem Wettbewerb (z. B. Gewinn, Effektivität, Qualität, Marktanteil etc.)

* Die Norm fordert für die Erfüllung dieser Anforderung „objektive Nachweise" (Aufzeichnungen).
** Auch das entsprechende Verfahren muss dokumentiert sein.

Die ISO 9001:2008 – Interpretation der Anforderungen

Normanforderung ISO 9001:2008	Interpretation/ Aktivitäten	Dokumentationsbeispiele/ Nachweise	Hilfen zu nachhaltigem Erfolg (ISO 9004:2009)	Beispiele für Kennzahlen
8.5 Verbesserung				
8.5.1 Ständige Verbesserung				
• Planung • Lenkung • Wirksamkeitsprüfung	Erarbeitung von Plänen zur Verbesserung des QM-Systems und effektiveren Umsetzung der Qualitätsziele durch • Auswertung von Auditergebnissen • Datenanalysen • Auswertungen des Managementreviews • Korrektur- und Vorbeugemaßnahmen Ziel ist es, aus eigenem unternehmerischem Interesse eine Verbesserung der Prozesse zu erreichen und nicht auf negative Ereignisse zu warten	• Qualitätsmanagementpläne • Projektpläne • Protokolle zu Zielvorgaben • Fortschrittsberichte • Managementreviews • Korrekturmaßnahmepläne • Vorbeugemaßnahmepläne • Verbesserungsvorschlagswesen	• Ziele für die Verbesserung der – Produkte, – Prozesse, – Organisationsstrukturen und – des Managementsystems festlegen • PDCA-Methode für Verbesserungsprozesse verwenden • Ständige Verbesserung als Teil der Organisationskultur einführen, unter Berücksichtigung – der Möglichkeit für die Mitarbeiter, an der Verbesserungsmaßnahme teilzunehmen – der Bereitstellung der notwendigen Ressourcen – der Einführung eines Anerkennungs- und Belohnungssystems für Verbesserungen – der ständigen Verbesserung des Verbesserungsprozesses (9.2)	• Anzahl der Vorschläge/Mitarbeiterzahl • Kosteneinsparung je Vorschlag • Kosten für die Umsetzung je Vorschlag • Erfüllungsgrad der Ziele im KVP • Anzahl übergreifender Verbesserungsgruppen
8.5.2 Korrekturmaßnahmen*/**				
• Abweichungen • Angemessenheit • Ursache • Handlungsbedarf • Maßnahmen • Bewertung • Kontrolle • Dokumentation	Festlegung eines dokumentierten Verfahrens zur Durchführung von Korrekturmaßnahmen mit den Schwerpunkten • Fehlerbewertung (inkl. Kundenbeschwerden) • Ursachenermittlung • Handlungsbedarf, um erneutes Auftreten zu verhindern • Maßnahme/Korrekturmaßnahme • Kontrolle und Bewertung der Wirksamkeit der Korrekturmaßnahme • Dokumentation mit dem Ziel der Beseitigung der Ursachen von Fehlern und zur Verhinderung des erneuten Auftretens	• VA/Prozessbeschreibung Korrekturmaßnahmen • Protokolle über Fehlererfassung • 8D-Reports • Statistische Auswertungen • Test-/Ergebnisprotokolle • Anweisungen über Korrekturmaßnahmen • Schulungspläne • Schulungsnachweise • Reklamationsanalysen • Evtl. geänderte Lieferverträge • Q-Vereinbarungen • Investitionspläne • Reviewprotokolle		• Reklamationsquote • Ausschuss-, Nacharbeits- und Garantiekosten • Kulanzkosten • Kundenzufriedenheitsindex • Selbstbewertungsindex • Prozessleistungsindex • Prozessstabilitätsindex • Prozesseffektivitätsindex

* Die Norm fordert für die Erfüllung dieser Anforderung „objektive Nachweise" (Aufzeichnungen).
** Auch das entsprechende Verfahren muss dokumentiert sein.

Die ISO 9001:2008 – Interpretation der Anforderungen

Normanforderung ISO 9001:2008	Interpretation/ Aktivitäten	Dokumentationsbeispiele/ Nachweise	Hilfen zu nachhaltigem Erfolg (ISO 9004:2009)	Beispiele für Kennzahlen
8.5.3 Vorbeugungsmaßnahmen*/**				
• Ermittlung • Planung • Durchführung • Handlungsbedarf • Bewertung • Dokumentation	Festlegung eines dokumentierten Verfahrens zur Durchführung von Vorbeugemaßnahmen mit den Schwerpunkten • Ermittlung potenzieller Fehler und ihrer Ursachen • Beurteilung notwendiger Aktivitäten • Planung der Vorbeugemaßnahmen • Durchführung der Vorbeugemaßnahmen • Bewertung der Wirksamkeit der ergriffenen Vorbeugemaßnahmen • Dokumentation mit dem Ziel der Verhinderung von möglichen Fehlern	• VA/Prozessbeschreibung Vorbeugemaßnahmen • Risikoanalysen (wirtschaftlich, technisch) • Fehlererfassungsprotokolle • 8D-Reports • Analysenprotokolle • Testprotokolle • Maßnahmepläne • Schulungspläne • Schulungsnachweise • geänderte Lieferverträge • Q-Vereinbarungen • Investitionspläne • Trendanalysen • Kostenbetrachtungen • Vorschlagswesen		• Grad der Zielerreichung • Anzahl der umgesetzten Verbesserungen • Benchmarking-/ Rankingindex • Einsparung aus Verbesserungsgruppenarbeit • Kosten/Nutzen-Relation • Reaktions- und Umsetzungszeit
ISO 9004:2009, Kapitel 9.4: Lernen				
Anmerkung: In der ISO 9001:2008 gibt es keine Entsprechung zu diesem Punkt			Unterstützen von Verbesserungen und Innovationen durch • „organisationales Lernen": – Sammeln von Informationen aus internen und externen Ereignissen und Quellen, einschl. Erfolgen und Fehlern – Gewinnen von Eindrücken durch Analyse der gesammelten Informationen • „Lernen, welches die Fähigkeit der Individuen mit denen der Organisation in Einklang bringt"; hierbei sind zu berücksichtigen: – Werte der Organisation – Unterstützung von Lerninitiativen – Zeigen von Führungsstärke durch das Verhalten der obersten Leitung – Anregen von „Networking" und der gemeinsamen Nutzung von Wissen – Bereitstellen von Lern- und Wissenssystemen – Unterstützen von Kreativität und Meinungsvielfalt	

* Die Norm fordert für die Erfüllung dieser Anforderung „objektive Nachweise" (Aufzeichnungen).
** Auch das entsprechende Verfahren muss dokumentiert sein.

Die ISO 9001:2008 – Interpretation der Anforderungen

Anhang:

Entsprechungen zwischen ISO 9001:2008, ISO 9004:2009, ISO 14001:2004 und OHSAS 18001:2007

DIN EN ISO 9001:2008		DIN EN ISO 9004:2009		DIN EN ISO 14001:2005		OHSAS 18001:2007	
0	Einleitung (Introduction)		Vorwort (Foreword)	0	Einführung (Introduction)	0	Vorwort (Foreword)
0.1	Allgemeines (General)		Einleitung (Introduction)				Einleitung (Introduction)
0.2	Prozessorientierter Ansatz (Process approach)						
0.3	Beziehung zu ISO 9004 (Relationship with ISO 9004)						
0.4	Verträglichkeit mit anderen Managementsystemen (Compatibility with other management systems)						
1	Anwendungsbereich (Scope)	1	Anwendungsbereich (Scope)	1	Anwendungsbereich (Scope)	1	Anwendungsbereich (Scope)
1.1	Allgemeines (General)						
1.2	Anwendung (Application)						
2	Normative Verweisungen (Normative reference)	2	Normative Verweisungen (Normative reference)	2	Normative Verweisungen (Normative reference)	2	Referenzen und Veröffentlichungen (Reference publications)
3	Begriffe (Terms and definitions)	3	Begriffe (Terms and definitions)	3	Begriffe (Terms and definitions)	3	Begriffe und Definitionen (Terms and definitions)
4	Qualitätsmanagementsystem (Quality management systems)	4	Leiten und Lenken für den nachhaltigen Erfolg (Managing for the sustained success of an organization)	4	Anforderungen an ein Umweltmanagementsystem (Environmental management system requirements)	4	Anforderungen an ein A&G Management-System (OHS management systems requirements)
4.1	Allgemeine Anforderungen (General requirements)	4.1	Allgemeines (General)	4.1	Allgemeine Forderungen (General requirements)	4.1	Allgemeine Forderungen (General requirements)
		7.1	Prozessmanagement: Allgemeines (Process management: General				
4.2	Dokumentationsforderungen (Documentation requirements)						
4.2.1	Allgemeines (General)			4.4.4	Dokumentation (Documentation)	4.4.4	Dokumentation (documentation)
4.2.2	Qualitätsmanagement-Handbuch (Quality manual)						
4.2.3	Lenkung von Dokumenten (Control of documents)			4.4.5	Lenkung von Dokumenten (Control of documents)	4.4.5	Lenkung von Dokumenten (Control of documents)
4.2.4	Lenkung von Aufzeichnungen (Control of records)			4.5.4	Lenkung von Aufzeichnungen (Control of records)	4.5.4	Lenkung von Aufzeichnungen (Control of records)

Die ISO 9001:2008 – Interpretation der Anforderungen

DIN EN ISO 9001:2008		DIN EN ISO 9004:2009		DIN EN ISO 14001:2005		OHSAS 18001:2007	
5	**Verantwortung der Leitung (Management responsibility)**						
5.1	Selbstverpflichtung der Leitung (Management commitment)	4.1	Leiten und Lenken für den nachhaltigen Erfolg: Allgemeines (Managing for the sustained success of an organization: General)	4.2	Umweltpolitik (Environmental policy)	4.2	A&G-Politik (OHS policy)
				4.4.1	Ressourcen, Aufgaben, Verantwortlichkeit und Befugnis (Resources, roles, responsibility and authority)	4.4.1	Ressourcen, Aufgaben, Verantwortlichkeit und Befugnis (Resources, roles, responsibility and authority)
				4.6	Managementbewertung (Management review)	4.6	Managementbewertung (Management review)
5.2	Kundenorientierung (Customer focus)	4.2	Nachhaltiger Erfolg (Sustained succes)	4.3.1	Umweltaspekte (Environmental aspects)	4.3.1	Gefährdungserkennung, Risikobewertung und Festlegung der Lenkungsmaßnahmen
		4.4	Interessierte Parteien, Erfordernisse und Erwartungen (Interested parties, needs and expectations)				
				4.3.2	Rechtliche Verpflichtungen und andere Anforderungen (Legal and other requirements)	4.3.2	Rechtliche Verpflichtungen und andere Anforderungen (Legal and other requirements)
5.3	Qualitätspolitik (Quality policy)	5.2	Konzeption von Strategie und Politik (Strategy and policy formulation)	4.2	Umweltpolitik (Environmental policy)	4.2	A&G-Politik (OHS policy)
		4.2	Nachhaltiger Erfolg (Sustained success)				
5.4	Planung (Planning)	5.3	Umsetzung von Strategie und Politik (Strategy and policy deployment)	4.3	Planung (Planning)	4.3	Planung (Planning)
5.4.1	Qualitätsziele (Quality objectives)	5.3.1	Allgemeines (General)	4.3.3	Zielsetzungen, Einzelziele und Programm(e) (Objectives, targets and programme(s))	4.3.3	Zielsetzungen und Programm(e) (Objectives, targets and programme(s))
		5.3.2	Prozesse und Vorgehensweisen (Processes and practices)				
		5.3.3	Umsetzung (Deployment)				
5.4.2	Planung des Qualitätsmanagementsystems (Quality management system planning)			4.3.3	Zielsetzungen, Einzelziele und Programm(e) (Objectives, targets and programme(s))	4.3.3	Zielsetzungen und Programm(e) (Objectives, targets and programme(s))
5.5	Verantwortung, Befugnis und Kommunikation (Responsibility, authority and communication)						
5.5.1	Verantwortung und Befugnis (Responsibility and authority)	7.3	Prozessverantwortung und -befugnis (Process responsibilty and authority)	4.1	Allgemeine Forderungen (General requirements)	4.1	Allgemeine Forderungen (General requirements)
				4.4.1	Ressourcen, Aufgaben, Verantwortlichkeit und Befugnis (Resources, roles, responsibility and authority)	4.4.1	Ressourcen, Aufgaben, Verantwortlichkeit und Befugnis (Resources, roles, responsibility and authority)

Die ISO 9001:2008 – Interpretation der Anforderungen

DIN EN ISO 9001:2008		DIN EN ISO 9004:2009		DIN EN ISO 14001:2005		OHSAS 18001:2007	
5.5.2	Beauftragter der obersten Leitung (Management representative)			4.4.1	Ressourcen, Aufgaben, Verantwortlichkeit und Befugnis (Resources, roles, responsibility and authority)	4.4.1	Ressourcen, Aufgaben, Verantwortlichkeit und Befugnis (Resources, roles, responsibility and authority)
5.5.3	Interne Kommunikation (Internal communication)	5.4	Kommunikation von Strategie und Politik (Strategy and policy communication)	4.4.3	Kommuinikation (Communication)	4.4.3	Kommunikation, Mitwirkung und Beratung (Communication, participation and consulting)
5.6	Managementbewertung (Management review)	8.5	Bewertung der durch Überwachung, Messung und Analyse erhaltenen Informationen (Review of information from monitoring, measurement and analysis)	4.6	Managementbewertung (Management review)	4.6	Managementbewertung (Management review)
5.6.1	Allgemeines (General)	8.5	Bewertung der durch Überwachung, Messung und Analyse erhaltenen Informationen (Review of information from monitoring, measurement and analysis)	4.6	Managementbewertung (Management review)	4.6	Managementbewertung (Management review)
5.6.2	Eingaben für die Bewertung (Review input)	8.5	Bewertung der durch Überwachung, Messung und Analyse erhaltenen Informationen (Review of information from monitoring, measurement and analysis)	4.6	Managementbewertung (Management review)	4.6	Managementbewertung (Management review)
5.6.3	Ergebnisse der Bewertung (Review output)	8.5	Bewertung der durch Überwachung, Messung und Analyse erhaltenen Informationen (Review of information from monitoring, measurement and analysis)	4.6	Managementbewertung (Management review)	4.6	Managementbewertung (Management review)
6	**Management von Resourcen (Resource management)**	**6**	**Management von Resourcen (Resource management)**				
6.1	Bereitstellung von Ressourcen (Provision of resources)	6.1	Allgemeines (General)	4.4.1	Ressourcen, Aufgaben, Verantwortlichkeit und Befugnis (Resources, roles, responsibility and Authority)	4.4.1	Ressourcen, Aufgaben, Verantwortlichkeit und Befugnis (Resources, roles, responsibility and Authority)
		6.2	Finanzielle Ressourcen				
6.2	Personelle Ressourcen (Human resources)	6.3	Mitarbeiter der Organisation (People in the organisation)				
6.2.1	Allgemeines (General)	6.3.1	Mitarbeiterführung (Management of people)	4.4.2	Fähigkeit, Schulung und Bewusstsein (Competence, training and awareness)	4.4.2	Fähigkeit, Schulung und Bewusstsein (Competence, training and awareness)
6.2.2	Kompetenz, Schulung und Bewusstsein (Competence, training and awareness)	6.3.2	Kompetenz der Mitarbeiter (Competence of people)	4.4.2	Fähigkeit, Schulung und Bewusstsein (Competence, training and awareness)	4.4.2	Fähigkeit, Schulung und Bewusstsein (Competence, training and awareness)
		6.3.3	Einbindung und Motivation der Mitarbeiter (Involvement and motivation)				

Die ISO 9001:2008 – Interpretation der Anforderungen

DIN EN ISO 9001:2008		DIN EN ISO 9004:2009		DIN EN ISO 14001:2005		OHSAS 18001:2007	
6.3	Infrastruktur (Infrastructure)	6.5	Infrastruktur (Infrastructure)	4.4.1	Ressourcen, Aufgaben, Verantwortlichkeit und Befugnis (Resources, roles, responsibility and authority)	4.4.1	Ressourcen, Aufgaben, Verantwortlichkeit und Befugnis (Resources, roles, responsibility and authority)
6.4	Arbeitsumgebung (Work environment)	6.6	Arbeitsumgebung (Work environment)				
		6.7	Wissen, Information und Technologie (Knowledge, information and technology)				
		6.8	Natürliche Ressourcen (Natural resources)				
7	**Produktrealisierung (Product realization)**			4.4	Verwirklichung und Betrieb (Implementation and operation)	4.4	Implementierung und Durchführung (Implementation and operation)
7.1	Planung der Produktrealisierung (Planning of product realiziation)	7.2	Prozessplanung und -lenkung (Process management)	4.4.6	Ablauflenkung (Operational control)	4.4.6	Ablauflenkung (Operational control)
7.2	Kundenbezogene Prozesse (Customer-related processes)						
7.2.1	Ermittlung der Anforderungen in Bezug auf das Produkt (Determination of requirements related to the product)	4.3	Umfeld der Organisation (The organization's environment)	4.3.1	Umweltaspekte (Environmental aspects)	4.3.1	Gefährdungserkennung, Risikobewertung und Festlegung der Lenkungsmaßnahmen
				4.3.2	Rechtliche Verpflichtungen und andere Anforderungen (Legal and other requirements)	4.3.2	Rechtliche Verpflichtungen und andere Anforderungen (Legal and other requirements)
				4.4.6	Ablauflenkung (Operational control)	4.4.6	Ablauflenkung (Operational control)
7.2.2	Bewertung der Anforderungen in Bezug auf das Produkt (Review of requirements related to the product)	4.3	Umfeld der Organisation (The organization's environment)	4.3.1	Umweltaspekte (Environmental aspects)	4.3.1	Gefährdungserkennung, Risikobewertung und Festlegung der Lenkungsmaßnahmen
				4.4.6	Ablauflenkung (Operational control)	4.4.6	Ablauflenkung (Operational control)
7.2.3	Kommunikation mit den Kunden (Customer communication)	4.3	Umfeld der Organisation (The organization's environment)	4.4.3	Kommunikation (Communication)	4.4.3	Kommunikation, Mitbestimmung und Beratung (Communication, participation and consulting)
7.3	Entwicklung (Design and development)	9.3	Innovation (Innovation)				
7.3.1	Entwicklungsplanung (Design and development planning)	9.3	Innovation (Innovation)	4.4.6	Ablauflenkung (Operational control)	4.4.6	Ablauflenkung (Operational control)
7.3.2	Entwicklungseingaben (Design and development inputs)			4.4.6	Ablauflenkung (Operational control)	4.4.6	Ablauflenkung (Operational control)
7.3.3	Entwicklungsergebnisse (Design and development outputs)			4.4.6	Ablauflenkung (Operational control)	4.4.6	Ablauflenkung (Operational control)

Die ISO 9001:2008 – Interpretation der Anforderungen

DIN EN ISO 9001:2008		DIN EN ISO 9004:2009		DIN EN ISO 14001:2005		OHSAS 18001:2007	
7.3.4	Entwicklungsbewertung (Design and development review)			4.4.6	Ablauflenkung (Operational control)	4.4.6	Ablauflenkung (Operational control)
7.3.5	Entwicklungsverifizierung (Design and development verification)			4.4.6	Ablauflenkung (Operational control)	4.4.6	Ablauflenkung (Operational control)
7.3.6	Entwicklungsvalidierung (Design and development validation)			4.4.6	Ablauflenkung (Operational control)	4.4.6	Ablauflenkung (Operational control)
7.3.7	Lenkung Entwicklungsänderungen (Control of design and development changes)			4.4.6	Ablauflenkung (Operational control)	4.4.6	Ablauflenkung (Operational control)
7.4	Beschaffung (Purchasing)						
7.4.1	Beschaffungsprozess (Purchasing process)	6.4	Lieferanten und Partner (Suppliers and partners)	4.4.6	Ablauflenkung (Operational control)	4.4.6	Ablauflenkung (Operational control)
7.4.2	Beschaffungsangaben (Purchasing information)			4.4.6	Ablauflenkung (Operational control)	4.4.6	Ablauflenkung (Operational control)
7.4.3	Verifizierung von beschafften Produkten (Verification of purchased products)			4.4.6	Ablauflenkung (Operational control)	4.4.6	Ablauflenkung (Operational control)
7.5	Produktion und Dienstleistungserbringung (Production and service provision)						
7.5.1	Lenkung der Produktion und der Dienstleistungserbringung (Control of production and service provision)	7.2	Prozessplanung und Lenkung (Process management)	4.4.6	Ablauflenkung (Operational control)	4.4.6	Ablauflenkung (Operational control)
7.5.2	Validierung der Prozesse zur Produktion und zur Dienstleistungserbringung (Validation of processes for production and service provision)			4.4.6	Ablauflenkung (Operational control)	4.4.6	Ablauflenkung (Operational control)
7.5.3	Kennzeichnung und Rückverfolgbarkeit (Identification and traceability)						
7.5.4	Eigentum des Kunden (Customer property)						
7.5.5	Produkterhaltung (Preservation of product)			4.4.6	Ablauflenkung (Operational control)	4.4.6	Ablauflenkung (Operational control)
7.6	Lenkung von Überwachungs- und Messmitteln (Control of monitoring and measuring devices)	7.2	Prozessplanung und Lenkung (Process management)	4.5.1	Überwachung und Messung (Monitoring and measurement)	4.5.1	Überwachung und Messung (Monitoring and measurement)
8	**Messung, Analyse und Verbesserung (Measurement, analysis and improvement)**	8	**Überwachung, Messung, Analyse und Bewertung (Monitoring, measurement, analysis and review)**	4.5	Überprüfung (Checking)	4.5	Überprüfung (Checking)
8.1	Allgemeines (General)	8.1	Allgemeines (General)	4.5.1	Überwachung und Messung (Monitoring and measurement)	4.5.1	Leistungsmessung und -überwachung (Performance measurement and monitoring)

Die ISO 9001:2008 – Interpretation der Anforderungen

DIN EN ISO 9001:2008		DIN EN ISO 9004:2009		DIN EN ISO 14001:2005		OHSAS 18001:2007	
8.2	Überwachung und Messung (Monitoring and measurement)						
8.2.1	Kundenzufriedenheit (Customer satisfaction)	8.2	Überwachung (Monitoring)				
		8.3	Messung (Measurement)				
8.2.2	Internes Audit (Internal audit)	8.3.3	Internes Audit (Internal audit)	4.5.5	Internes Audit (Internal audit)	4.5.5	Internes Audit (Internal audit)
8.2.3	Überwachung und Messung von Prozessen (Monitoring and measurement of processes)	8.3.2	Entscheidende Leistungskenngröße (Key performance indicators)	4.5.1	Überwachung und Messung (Monitoring and measurement)	4.5.1	Überwachung und Messung (Monitoring and measurement)
				4.5.2	Bewertung der Einhaltung von Rechtsvorschriften (Evaluation of compliance)	4.5.2	Bewertung der Einhaltung von Rechtsvorschriften (Evaluation of compliance)
8.2.4	Überwachung und Messung des Produkts (Monitoring and measurement of product)	8.3.2	Entscheidende Leistungskenngröße (Key performance indicators)	4.5.1	Überwachung und Messung (Monitoring and measurement)	4.5.1	Überwachung und Messung (Monitoring and measurement)
		8.3.4	Selbstbewertung (Self-assessment)	4.5.2	Bewertung und Einhaltung von Rechtsvorschriften (Evaluation of compliance)	4.5.2	Bewertung und Einhaltung von Rechtsvorschriften (Evaluation of compliance)
		8.3.5	Benchmarking				
8.3	Lenkung fehlerhafter Produkte (Control of nonconforming products)			4.4.7	Notfallvorsorge und Gefahrenabwehr (Emergency preparedness and response)	4.4.7	Notfallvorsorge und -maßnahmen (Emergency preparedness and response)
				4.5.3	Nichtkonformität, Korrektur- und Vorbeugungsmaßnahmen (Nonconformity, corrective action and preventive action)	4.5.3	Nichtkonformität, Korrektur- und Vorbeugungsmaßnahmen (Nonconformity, corrective action and preventive action)
8.4	Datenanalyse (Analysis of data)	8.4	Analyse (Analysis)	4.5.1	Überwachung und Messung (Monitoring and measurement)	4.5.1	Überwachung und Messung (Monitoring and measurement)
				4.5.3	Nichtkonformität, Korrektur- und Vorbeugungsmaßnahmen (Nonconformity, corrective action and preventive action)		
8.5	Verbesserung (Improvement)	9	Verbesseung, Innovation und Lernen (Improvement, innovation and learning)				
8.5.1	Ständige Verbesserung (Continual improvement)	9.2	Verbesserung (Improvement)	4.2	Umweltpolitik (Environmental policy)	4.2	A&G-Politik (OHS policy)
				4.3.3	Zielsetzungen, Einzelziele und Programm(e) (Objectives, targets and programme(s))	4.3.3	Zielsetzungen und Programm(e) (Objectives and programme(s))
				4.6	Managementbewertung (Management review)	4.6	Managementbewertung (Management review)

DIN EN ISO 9001:2008		DIN EN ISO 9004:2009		DIN EN ISO 14001:2005		OHSAS 18001:2007	
8.5.2	Korrekturmaßnahmen (Corrective action)			4.5.3	Nichtkonformität, Korrektur- und Vorbeugungsmaßnahmen (Nonconformity, corrective action and preventive action)	4.5.3	Nichtkonformität, Korrektur- und Vorbeugungsmaßnahmen (Nonconformity, corrective action and preventive action)
8.5.3	Vorbeugungsmaßnahmen (Preventive action)			4.5.3	Nichtkonformität, Korrektur- und Vorbeugungsmaßnahmen (Nonconformity, corrective action and preventive action)	4.5.3	Nichtkonformität, Korrektur- und Vorbeugungsmaßnahmen (Nonconformity, corrective action and preventive action)
		9.4	Lernen (Learning)				

Weitere TÜV-Media-Fachbroschüren

Hans Willi Bailly / Fritz von Below
Die ISO 19011:2011
Audits erfolgreich vorbereiten und durchführen
72 Seiten / 39,90 EUR / Bestell-Nr. 91524

Fritz von Below / Dieter Kautenburger / Jens Harmeier
Die ISO/TS 16949
Erfolgreich arbeiten mit dem globalen Standard für die Automobilzulieferer
48 Seiten / 39,90 EUR / Bestell-Nr. 91687

Erich Grünes
ISO 14001
Anforderungen und Hinweise
24 Seiten / 24,50 EUR / Bestell-Nr. 91387

Hans Willi Bailly / Fritz von Below
Integrierte Managementsysteme
Tipps und Empfehlungen zum Aufbau, Dokumentenbeispiele
32 Seiten / 29,90 EUR / Bestell-Nr. 91423

Bashkim Ljutfiji / Ralph Meß
DIN EN ISO 50001
Anforderungen und Hinweise
40 Seiten / 34,50 EUR / Bestell-Nr. 91578

Gerd Reinartz / Susan J. Reinartz
BS OHSAS 18001:2007 – Deutsche Übersetzung
Arbeits- und Gesundheitsschutz-Managementsysteme - Anforderungen
32 Seiten / 24,50 EUR / Bestell-Nr. 91093

Gerd Reinartz / Ludger Pautmeier
OHSAS 18002:2008 – Deutsche Übersetzung
Arbeits- und Gesundheitsschutz-Managementsysteme - Leitfaden für die Implementierung von OHSAS 18001:2007
88 Seiten / 48,50 EUR / Bestell-Nr. 91245

Ab einer Bestellmenge von 5 Exemplaren bieten wir Ihnen attraktive Mengenpreise.

Bestellungen bei TÜV Media:

Telefon: +49 221 806 3511
Telefax: +49 221 806 3510
Webshop: www.tuev-media.de

Alle TÜV Media Fachbroschüren erhalten Sie auch als E-Books unter:
www.tuev-media.de/ebooks

TÜVRheinland®
Genau. Richtig.